101 COSTURAS

Las costuras más usadas por diseñadores de moda

2da Edición

ABCSEAMS®

101 Costuras.
Las costuras más usadas por diseñadores de moda.

Editado y publicado por Memory Card Publishing.

ABC Seams® es una marca registrada
P.O. Box 30 (4886), QLD, Australia

Email: hello@abcseams.com

ISBN: 978-0-6482734-8-6

Descubre más en www.abcseams.com

El equipo de ABC Seams®

A Marcelo, Lidia y Oscar.

CONTENIDO

Catálogo De Costuras

CONSTRUCCIONES

C000
COSTURA BÁSICA

Página 27

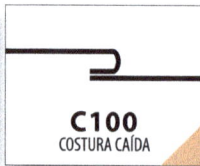

C100
COSTURA CAÍDA

Página 30

C010
COSTURA FRANCESA

Página 34

C101
COSTURA RIBETEADA (1)

Página 37

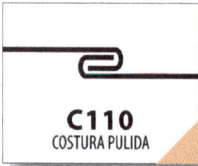

C110
COSTURA PULIDA

Página 40

C120
COSTURA SOLAPADA

Página 43

C200
COSTURA ABIERTA

Página 46

CD190
COSTURA SÁNDWICH

Página 50

FICHAS TÉCNICAS

Página 118

Página 120

Página 122

Página 126

Página 132

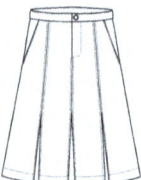

Página 134

Página 136

Página 139

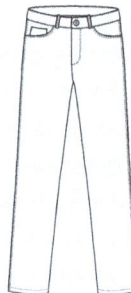

Página 128

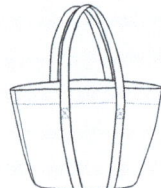

Página 140

TERMINACIONES

H000
CANTO RECTO

Página 57

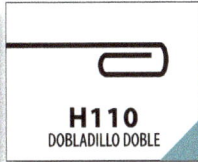

H110
DOBLADILLO DOBLE

Página 60

H200
CANTO ENVIVADO (1)

Página 64

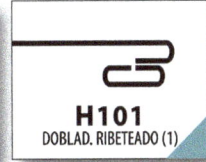

H101
DOBLAD. RIBETEADO (1)

Página 67

H150
CANTO CON VISTA

Página 70

H210
BANDA EXPUESTA

Página 74

H310
CINTA EXPUESTA

Página 78

H400
VIVO EXPUESTO

Página 82

HD190
DOBLADILLO SÁNDWICH

Página 86

H160
CANTO PLEGADO

Página 90

DETALLES

D210
PARCHE

Página 97

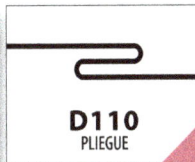

D110
PLIEGUE

Página 100

D111
TABLA

Página 104

INTRODUCCIÓN

Durante las últimas décadas, la industria textil y de la moda se ha convertido en un negocio extremadamente complejo. Nuevos tejidos cada año, producciones subcontratadas en el extranjero y una logística sofisticada entre diferentes países, son solo algunos ejemplos de esta desafiante industria.

Para quienes trabajamos en la moda, estos cambios afectan directamente en nuestro día a día. La situación nos obliga a vivir en un proceso de aprendizaje constante. Hoy en día, hacer un buen trabajo no es suficiente. Debemos ser altamente profesionales, y eso incluye mantenernos al día con los últimos desarrollos.

Tener un conocimiento general de la costura es una parte crucial del proceso creativo. Por ejemplo, la función, el uso, la estética y el costo de cualquier producto textil afectarán al tipo de costuras que seleccionemos (y viceversa). Además, la variedad de puntadas y pespuntes disponibles en el mercado requiere un amplio conocimiento del tema.

Es por eso que hemos realizado una detallada investigación para identificar las costuras más reconocidas y utilizadas en la actualidad. El contenido de este libro es una recopilación de esta investigación.

Sencillo y preciso.

Nuestro objetivo es ayudarte a hacer tu trabajo más fácil y eficiente a la vez.

¿Cómo? Este libro es un catálogo que se puede utilizar para consultar y seleccionar costuras. Te ayudará a ser más efectivo al seleccionar la costuras de tus diseños. También mejorarás tu conocimientos técnicos, lo que permitirá que te comuniques apropiadamente y así, obtener mejores resultados.

Fácil de leer, fácil de usar.

Si eres estudiante, profesor o diseñador profesional, este libro es para ti.

Los más principiantes aprenderán conceptos básicos y ganarán confianza y precisión. Aquellos que tengan más experiencia ampliarán sus conocimientos técnicos y tendrán una fuente de inspiración para probar nuevas ideas y técnicas.

CÓMO LEER ESTE LIBRO

Todas las costuras mencionadas en este libro se clasifican en tres categorías, según su función principal:

1. Construcción: son costuras que unen al menos dos capas de tejido, dando forma a la prenda o producto.

2. Terminaciones: la función principal de estas costuras es evitar que el borde de la tela se deshilache, y al mismo tiempo darle mayor resistencia.

3. Detalles: estas costuras embellecen el diseño, aportan volumen (pliegues, pinzas y cajas) y unen piezas sobre tejido (por ejemplo, bolsillos de parche).

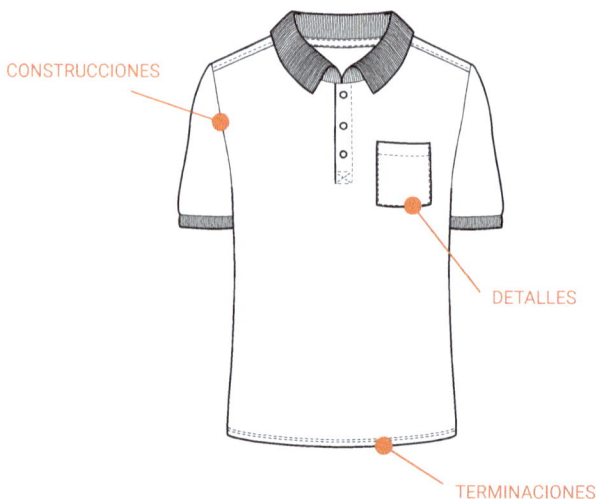

CONSTRUCCIONES

DETALLES

TERMINACIONES

Cada una de estas categorías está formada por varios grupos de costuras, diferenciándose un grupo de otro por su estructura.

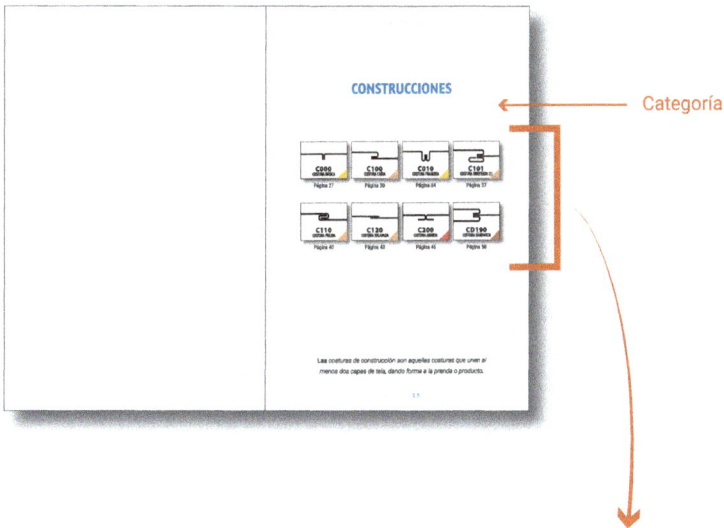

Categoría

GRUPOS DE COSTURAS

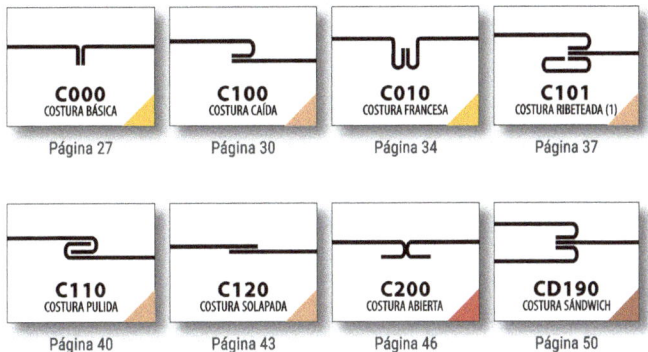

C000 COSTURA BÁSICA	C100 COSTURA CAÍDA	C010 COSTURA FRANCESA	C101 COSTURA RIBETEADA (1)
Página 27	Página 30	Página 34	Página 37
C110 COSTURA PULIDA	C120 COSTURA SOLAPADA	C200 COSTURA ABIERTA	CD190 COSTURA SÁNDWICH
Página 40	Página 43	Página 46	Página 50

Luego, cada grupo está formado por varias costuras. Estas costuras comparten la misma estructura, pero se cosen con diferentes tipos de puntadas y pespuntes (páginas 112 a 115).

Nombre del grupo

Estructura básica

Código del grupo

CANTO CON VISTA

H150

PROPIEDADES PRINCIPALES

- Resistencia: buena a muy buena. Es más fuerte cuando lleva entretela.
- Versatilidad: buena a muy buena. Trabaja perfecto en telas planas, ya sea en bordes curvos o rectos.
- Flexibilidad: buena.
- Elasticidad: pobre a regular.
- Costo: medio.
- Otros: Terminación limpia en el interior. Trabaja mejor en tejidos planos. Podría necesitar entretela para lograr un mejor resultado. La vista estabiliza el canto.

Propiedades Principales

USOS COMUNES

- Escotes y sisas de tops y vestidos sin mangas.
- Tapetas (o carteras) de camisas, blusas, y chaquetas.
- Bajos de mangas, tops, vestidos, y faldas.
- Bajos de chaquetas sin forrar y abrigos.
- Cantos curvos o cortados al bies.
- Puños y tapetas (o cartera) de puños.
- Cinturilla de faldas y pantalones de vestir.
- Abertura de bolsillos.
- Prendas reversibles.
- Bolsos, calzado y artículos del hogar.

Usos comunes

H150-31

Ejemplo de costura (foto)

Estructura 3D

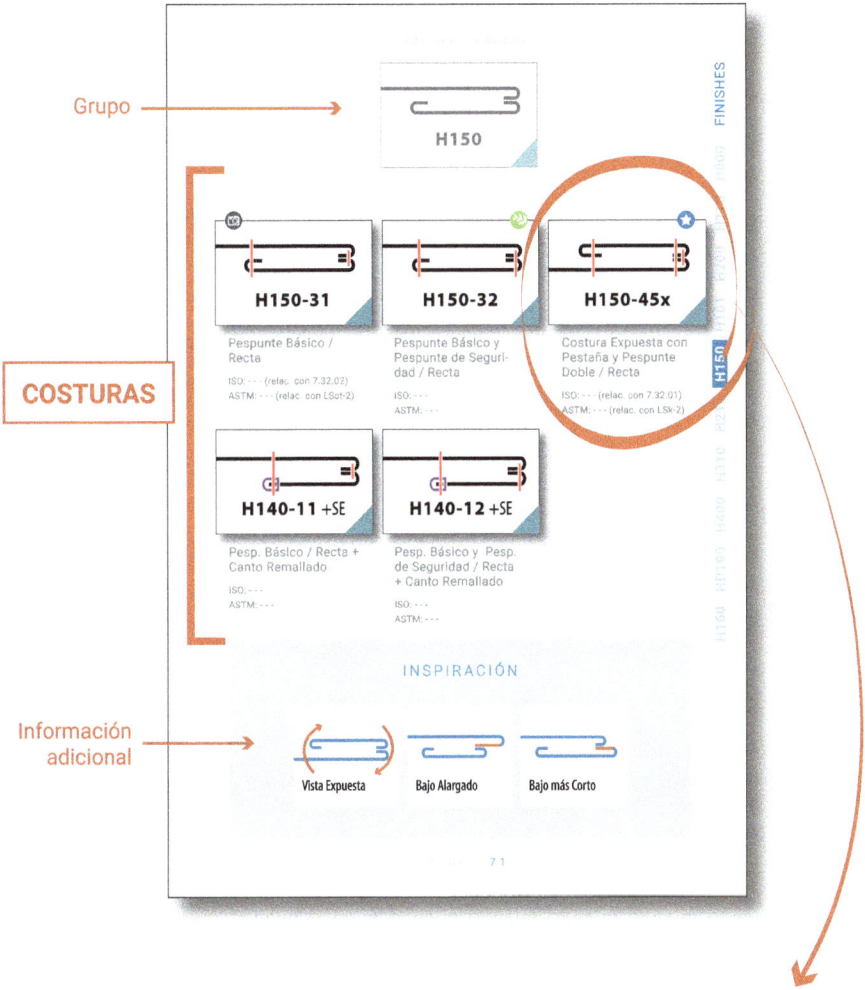

Grupo

FINISHES

COSTURAS

H150

H150-31
Pespunte Básico / Recta
ISO: - - - (relac. con 7.32.02)
ASTM: - - - (relac. con LSot-2)

H150-32
Pespunte Básico y Pespunte de Seguridad / Recta
ISO: - - -
ASTM: - - -

H150-45x
Costura Expuesta con Pestaña y Pespunte Doble / Recta
ISO: - - - (relac. con 7.32.01)
ASTM: - - - (relac. con LSk-2)

H140-11 +SE
Pesp. Básico / Recta + Canto Remallado
ISO: - - -
ASTM: - - -

H140-12 +SE
Pesp. Básico y Pesp. de Seguridad / Recta + Canto Remallado
ISO: - - -
ASTM: - - -

INSPIRACIÓN

Información adicional

Vista Expuesta   Bajo Alargado   Bajo más Corto

7.1

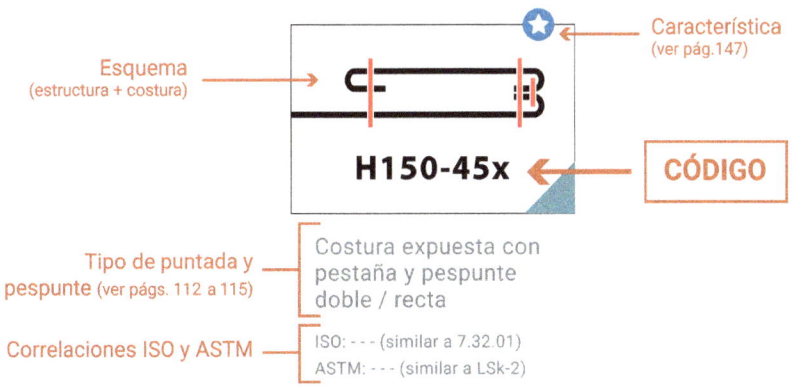

Esquema
(estructura + costura)

Característica
(ver pág.147)

H150-45x

CÓDIGO

Tipo de puntada y pespunte (ver págs. 112 a 115)
Costura expuesta con pestaña y pespunte doble / recta

Correlaciones ISO y ASTM
ISO: - - - (similar a 7.32.01)
ASTM: - - - (similar a LSk-2)

SUMARIO

Este cuadro te brinda una visión completa de todas las costuras mencionadas en el libro. Te ayudará a consultar, seleccionar y compararlas rápidamente al diseñar tu ropa.

Nota: para descargar este cuadro en tamaño A4, A3 o A2, visita: *www.abcseams.com/101costuras-sumario*

H100-2 (CS)

SELECCIÓN DE COSTURAS

Consideraciones iniciales.

En primer lugar, debes analizar el producto que vas a desarrollar.

Debes considerar el material, el uso del producto, el precio/costo y todos los detalles relevantes relacionados con el diseño y la producción. Estos cuatro atributos están estrechamente relacionados con la selección de costuras.

En caso de dudas, puedes utilizar las siguientes preguntas como guía:

- *Material:* ¿qué tipo de tejido es? ¿Es un material elástico? ¿Es de peso ligero, mediano o pesado? ¿Es una tela traslúcida?

- *Uso:* ¿tiene un estilo formal? ¿Es ropa deportiva o se usará para trabajar? ¿El producto necesita costuras fuertes y resistentes? ¿Las costuras deben ser suaves y delicadas?

- *Precio / Costo:* ¿quién es mi cliente? ¿Cuánto estará dispuesto a pagar por el producto? ¿Cuánto puedo pagar al fabricante? ¿Va a ser una prenda de bajo costo o cara?

- *Detalles:* ¿el producto está forrado? ¿Está en contacto con la piel? ¿Qué tipo de cuidados requerirá?

Comienza por consultar el sumario de costuras (pág. 108-109) para verlas todas a la vez.

Paso 1: Selección de categoría

El primer factor a considerar es la función principal de la costura: construcción, acabado o detalle (pág. 12).

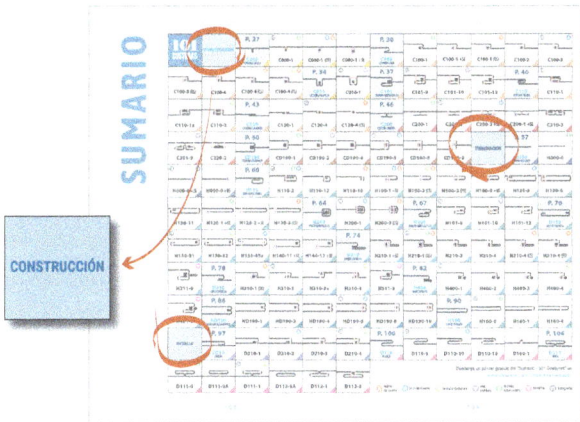

Paso 2: Selección de la estructura (o grupo de costuras)

Es en este punto donde hay que tener en cuenta las consideraciones iniciales (página anterior).

Observa la estructura de cada grupo de costuras (bloques celestes) y elige la más adecuada. En caso de duda, mira la página de cada grupo de costuras y compara sus propiedades para ver cuál es la mejor para tu diseño.

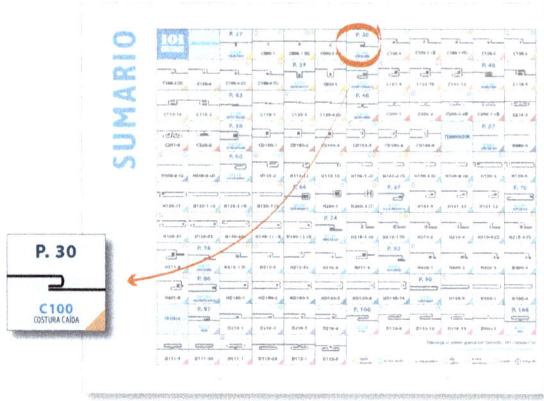

Paso 3: Selección de una costura

Ahora es el momento de pensar en el tipo de puntada y pespunte: puntada recta, overlock, recubridora, puntada invisible, etc. Además del aspecto estético, ten en cuenta características funcionales, como qué tan fuertes deben ser las costuras, o si la prenda está forrada.

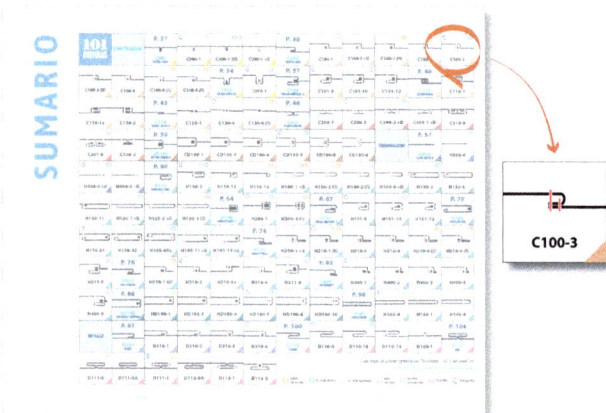

Paso 4: Inspiración (opcional)

Algunas costuras son ampliamente adaptables y se pueden usar de muchas maneras, según el efecto deseado. Para explorar diferentes opciones, presta atención a la sección de "Inspiración" al final de cada grupo de costuras. Allí encontrará sugerencias para explorar nuevas técnicas de costura.

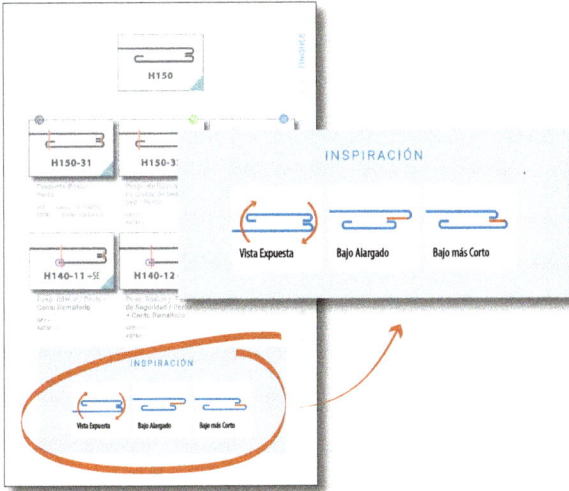

Sugerencia: una vez que hayas seleccionado las costuras, guarda un registro de cada una de ellas escribiendo su código en tu ficha técnica. Esa información será relevante para tu fabricante.

Nota: Recuerda, este libro incluye las costuras más usadas de la industria, ¡no todas ellas! Si necesitas consultar costuras que no fueron incluidas aquí, visita nuestra Galería de Costuras: *www.abcseams.com/es/seams-gallery*.

Segunda Parte

CATÁLOGO DE COSTURAS

CONSTRUCCIONES

C000
COSTURA BÁSICA

Página 27

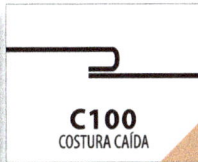

C100
COSTURA CAÍDA

Página 30

C010
COSTURA FRANCESA

Página 34

C101
COSTURA RIBETEADA (1)

Página 37

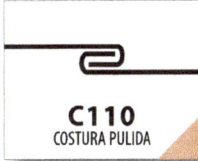

C110
COSTURA PULIDA

Página 40

C120
COSTURA SOLAPADA

Página 43

C200
COSTURA ABIERTA

Página 46

CD190
COSTURA SÁNDWICH

Página 50

Las *costuras de construcción* son aquellas costuras que unen al menos dos capas de tela, dando forma a la prenda o producto.

COSTURA BÁSICA
Basic Seam

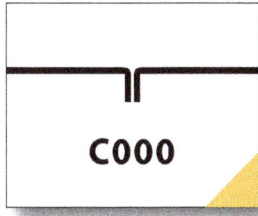

C000

PROPIEDADES PRINCIPALES

- Resistencia: regular a buena
Es más fuerte cuando está cosido con remalladora (overlock).

- Versatilidad: excelente.
Apta para la mayoría de los tejidos ya sea para costuras rectas o curvas.

- Flexibilidad: muy buena.

- Elasticidad: buena a excelente.
Buena capacidad de recuperación.

- Costo: bajo.
Fácil y rápida de hacer.

- Otros:
No se necesita plancha.

USOS COMUNES

- Costuras laterales, principalmente en camisetas.

- Costuras curvas como por ejemplo sisas.

- Bolsos y accesorios.

C000-1

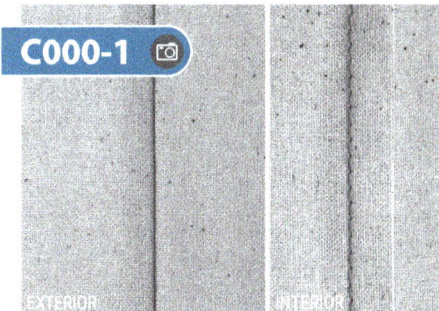

EXTERIOR   INTERIOR

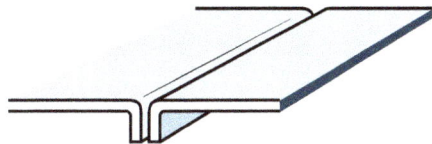

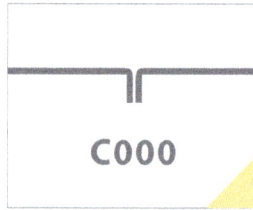

C000

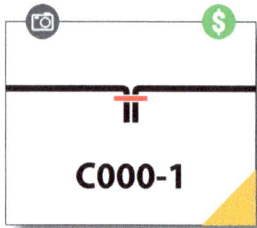

C000-1

Sin Pespunte / Recta

ISO: - - - (relac. con 1.01.01)
ASTM: - - - (relac. con SSa-1)

C000-1 (OS)

Sin Pespunte / Puntada Overlock

ISO: - - - (relac. con 1.01.01)
ASTM: - - - (relac. con SSa-1)

C000-1 +SE

Sin Pespunte / Recta + Canto Remallado

ISO: - - - (relac. con 1.01.01)
ASTM: - - - (relac. con SSa-1)

INSPIRACIÓN

+ Banda   + Cinta (o blonda)   + Cordón Envivado

Canto Envivado   Canto Pulido

C000

C000

MIS NOTAS

MIS MUESTRAS

COSTURA CAÍDA
Felted Seam

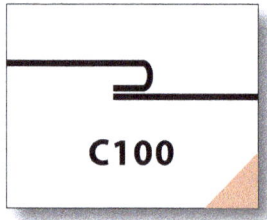

C100

PROPIEDADES PRINCIPALES

- Resistencia: buena a muy buena.
Es más fuerte cuando tiene carga/pespunte.

- Versatilidad: excelente.
Apta para la mayoría de los tejidos ya sea una costura recta o curva.

- Flexibilidad: buena a muy buena.

- Elasticidad: buena a excelente.
La elasticidad aumenta cuando es cosida con puntadas elastizadas como la overlock.

- Costo: bajo.

- Otros:
También llamada "Costura Cargada".

USOS COMUNES

- Usos generales como costura de hombros o costuras curvas.

- Apta para la mayoría de prendas y accesorios.

- Prendas forradas o costuras no visibles en el interior.

- Prendas de estilo casual.

- Ropa deportiva.

- Ropa de niño.

C100-3

EXTERIOR   INTERIOR

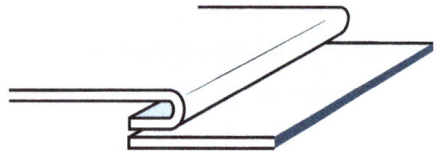

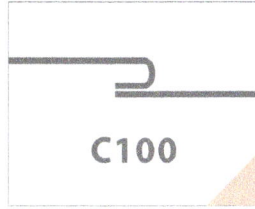

C100

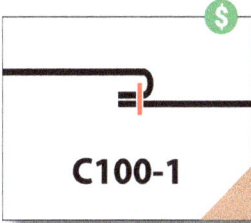

C100-1

Sin Pespunte / Recta

ISO: - - - (relac. con 1.01.01)
ASTM: - - - (relac. con SSa-1)

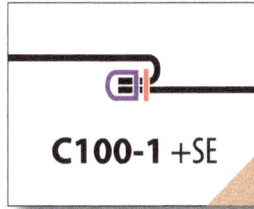

C100-1 +SE

Sin Pespunte / Recta + Canto Remallado

ISO: - - - (relac. con 1.01.01)
ASTM: - - - (relac. con SSa-2)

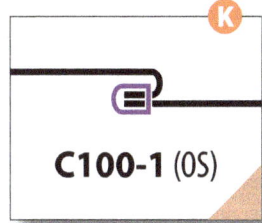

C100-1 (OS)

Sin Pespunte / Puntada Overlock

ISO: - - - (relac. con 1.01.01)
ASTM: - - - (relac. con SSa-1)

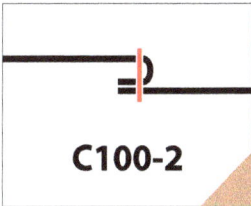

C100-2

Pespunte al Canto / Recta

ISO: 2.02.01
ASTM: LSb-1

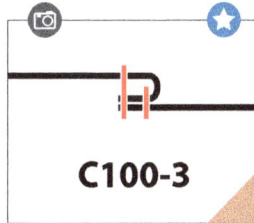

C100-3

Pespunte Básico / Recta

ISO: 2.02.03
ASTM: LSq-2

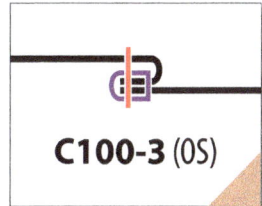

C100-3 (OS)

Pespunte Básico / Recta y Overlock

ISO: - - - (relac. con 2.02.03)
ASTM: - - - (relac. con LSq-2)

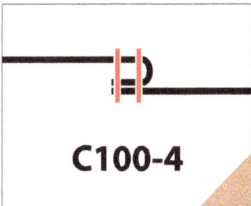

C100-4

Pespunte Doble / Recta

ISO: 2.02.05
ASTM: - - - (relac. con LSb-2)

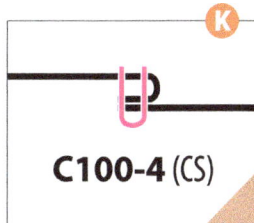

C100-4 (CS)

Pespunte Doble / Recubridora

ISO: - - - (relac. con 2.02.05)
ASTM: - - - (relac. con LSb-2)

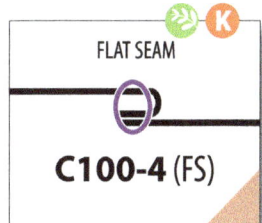

FLAT SEAM

C100-4 (FS)

Recubridora Plana

ISO: - - - (relac. con 2.02.05)
ASTM: - - - (relac. con LSb-2)

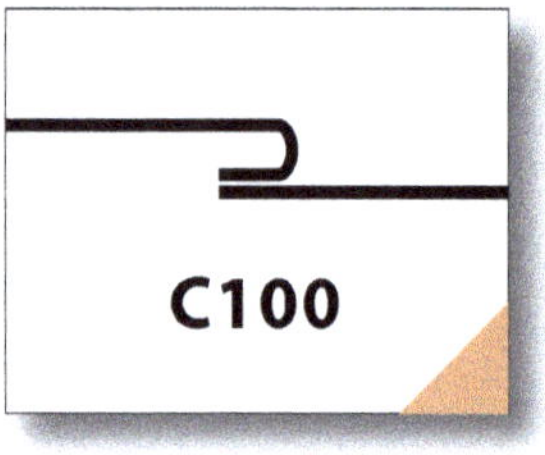

C100

INSPIRACIÓN

+ Banda   + Cinta (o blonda)   + Cordón Envivado

MIS NOTAS

CONSTRUCCIONES

C000 **C100** C010 C101 C110 C120 C200 CD190

MIS MUESTRAS

COSTURA FRANCESA

French Seam

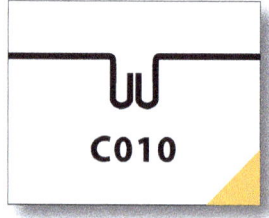

PROPIEDADES PRINCIPALES

- Resistencia: muy buena.

- Versatilidad: buena.

- Flexibilidad: pobre.

- Elasticidad: pobre.

- Costo: medio.

- Otros:
Terminación limpia en el interior.

USOS COMUNES

- Prendas de alta calidad.

- Tejidos de peso liviano a medio.

- Tejidos hechos con materiales delicados como la seda y la lana.

- Tejidos traslúcidos.

- Costuras laterales de camisas y tops.

C010-1

EXTERIOR   INTERIOR

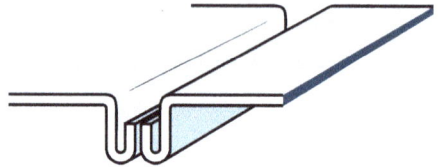

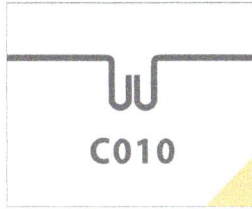

C010

C010-1

Sin Pespunte / Recta

ISO: - - - (relac. con 1.06.02)
ASTM: - - - (relac. con SSe-2)

PASO-A-PASO

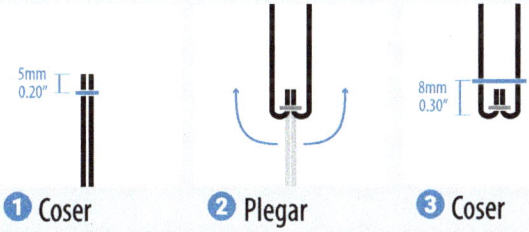

5mm
0.20"

1 Coser

2 Plegar

8mm
0.30"

3 Coser

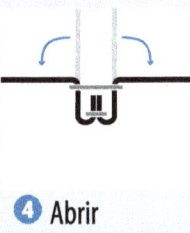

4 Abrir

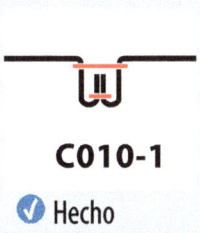

C010-1

✓ Hecho

C010

COSTURA RIBETEADA (1)
Bound Seam (1)

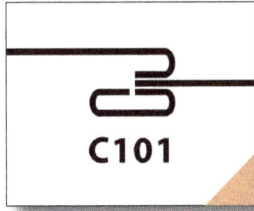

C101

PROPIEDADES PRINCIPALES

- Resistencia: muy buena a excelente.

- Versatilidad: buena.
Trabaja mejor en tejidos de peso medio.

- Flexibilidad: pobre a regular.

- Elasticidad: pobre.
Resistente al estiramiento.

- Costo: medio a alto.

- Otros:
Terminación limpia en el interior.
Reversible.

USOS COMUNES

- Costuras que requieren resistencia.

- Dar un toque decorativo, usando un ribete a contraste o coordinado.

- Prendas de alta calidad.

- Chaquetas sin forrar y abrigos en general.

- Prendas reversibles.

- Costura de escote de camisetas y polos (también ver CD101 y CE101).

C101-9

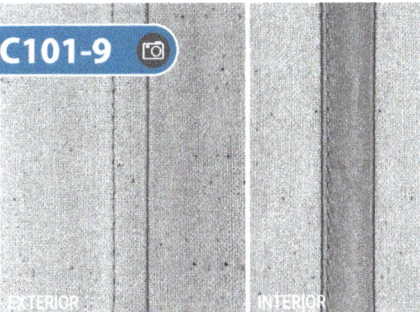

EXTERIOR INTERIOR

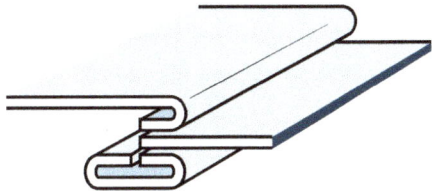

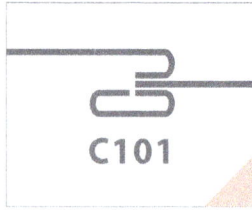

C101

C101-9

Pespunte Básico /
Recta

ISO: - - - (relac. con 2.28.02)
ASTM: - - - (relac. con LSbn-2)

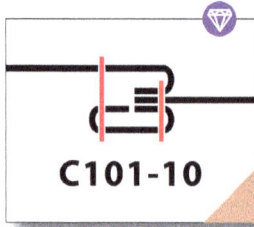

C101-10

Pespunte Básico +
Pespunte de Seguri-
dad / Recta

ISO: - - -
ASTM: - - -

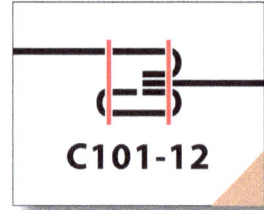

C101-12

Pespunte Doble /
Recta

ISO: 2.28.03
ASTM: - - - (relac. con LSl-2)

INSPIRACIÓN

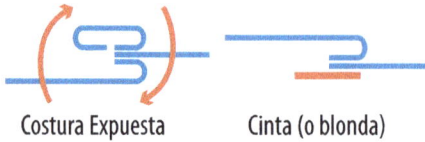

Costura Expuesta   Cinta (o blonda)

Ribeteado   Ribeteado   Cinta (o Blonda)

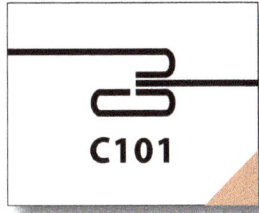

C101

CONSTRUCCIONES

C600

C100

C010

C101

C110

C120

C200

CD190

MIS NOTAS

MIS MUESTRAS

COSTURA PULIDA
Well Seam

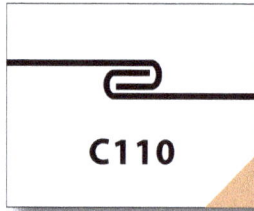

C110

PROPIEDADES PRINCIPALES

- Resistencia: excelente.
Es una de las costuras más fuertes.

- Versatilidad: buena.
Trabaja mejor en costuras rectas o levemente curvas.

- Flexibilidad: pobre a regular.

- Elasticidad: pobre.
Trabaja como estabilizador.

- Costo: medio a alto.

- Otros:
También llamada "Costura Cañón" o "Costura Inglesa".
Terminación limpia en el interior.
A nivel industrial, se hace con una sola operación de cosido.

USOS COMUNES

- Costura de hombros y canesú.

- Pantalones: tiro y costura lateral.

- Prendas reversibles.

- Prendas en denim, como jeans (o tejanos), faldas o chaquetas.

- Prendas deportivas.

- Ropa de hombre, especialmente camisas y ropa de trabajo.

- Prendas hechas con tejidos pesados.

- Chaquetas y abrigos sin forrar.

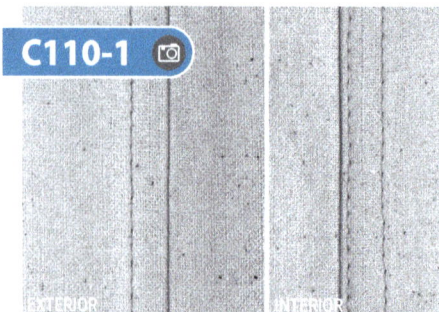

C110-1

EXTERIOR · INTERIOR

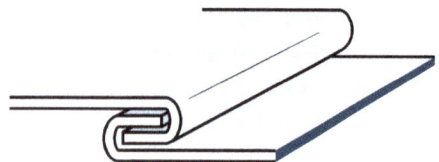

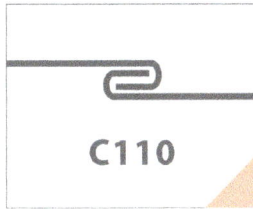

C110

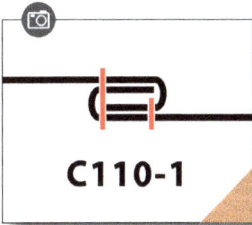

C110-1

Pespunte Básico /
Recta

ISO: 2.04.06
ASTM: SSw-2

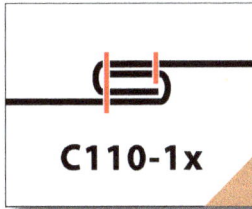

C110-1x

Pespunte Doble /
Recta

ISO: 2.04.05
ASTM: - - - (relac. con SSw-2)

C110-2

Pespunte Doble (full) /
Recta

ISO: 2.04.04
ASTM: - - - (relac. con LSas-2)

PASO-A-PASO

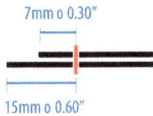

7mm o 0.30"
15mm o 0.60"

1 Coser

2 Plegar

3 Plegar

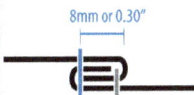

8mm or 0.30"

4 Coser

C110-1

✓ Hecho

C110

COSTURA SOLAPADA

Lapped Seam

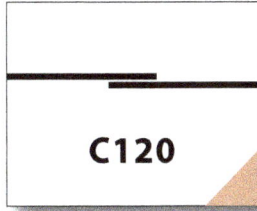

C120

PROPIEDADES PRINCIPALES

- Resistencia: regular a buena.

- Versatilidad: muy buena.
Apta para la mayoría de los tejidos (plana y punto) ya sea en costuras rectas o curvas.

- Flexibilidad: excelente.

- Elasticidad: muy buena.

- Costo: bajo
Es fácil y rápida de hacer.

- Otros:
También conocida como "Costura Plana" y "Costura Superpuesta" (o Sobrepuesta).

USOS COMUNES

- Generalmente se usa en telas/materiales que no se deshilachan, como cuero, PU, vinilo y encaje.

- Costuras curvas y de forma irregular.

- Cantos a tallo vivo (o "al corte") y cortados al bies.

- Unión de entretela, rellenos y cinta elástica.

- Lencería.

- Bolsos, calzado y accesorios en gral.

- Tapicería.

C120

C120-4

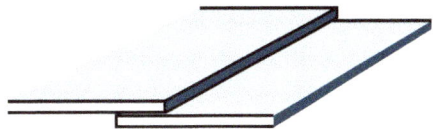

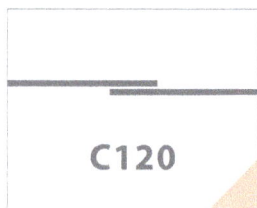

C120

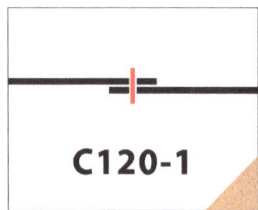

C120-1

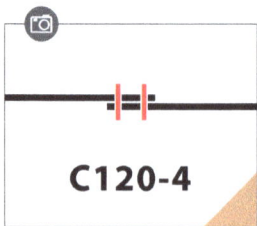

C120-4

C120-4 (CS)

Pespunte Básico /
Recta

ISO: 2.01.02
ASTM: LSa-1

Pespunte Doble /
Recta

ISO: - - -
ASTM: LSa-2

Pespunte Doble /
Recubridora

ISO: - - -
ASTM: - - - (relac. con LSa-2)

INSPIRACIÓN

+ Banda   + Cinta (o blonda)   + Cordón Envivado

Ribeteado (1)   Ribeteado (2)

C120

MIS NOTAS

MIS MUESTRAS

COSTURA ABIERTA

Open Seam

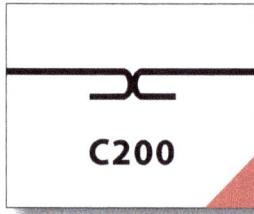

C200

PROPIEDADES PRINCIPALES

- Resistencia: regular a pobre.
La costura es más fuerte cuando se usa una puntada corta para unir los tejidos.

- Versatilidad: muy buena.

- Flexibilidad: excelente.

- Elasticidad: buena.

- Costo: regular.

- Otros:
También conocida como "Costura Mariposa" o "Costura Plana".
Buena opción para evitar grosor excesivo cuando se usan tejidos gruesos.

USOS COMUNES

- Trabaja mejor en tejidos de plana de medio peso y tejidos pesados.

- Prendas forradas como chaquetas y abrigos.

- Costura de pie de cuello.

- Costura lateral de pantalones y faldas (no recomendable si la prenda es ajustada).

- Bolsos y calzado.

- Prendas y productos de piel o símil.

C200-2

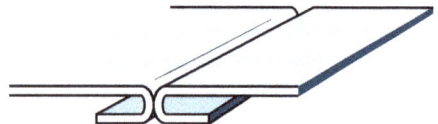

C200

C200-1

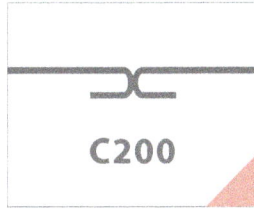

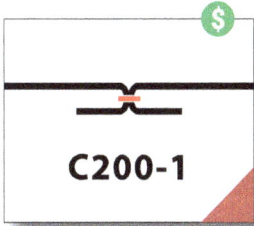

Sin Pespunte / Recta

ISO: - - - (relac. con 1.01.01)
ASTM: - - - (relac. con SSa-1)

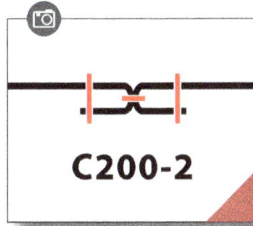

C200-2

Pespunte Básico / Recta

ISO: 4.03.03
ASTM: SSz-3

C200-2 +SE

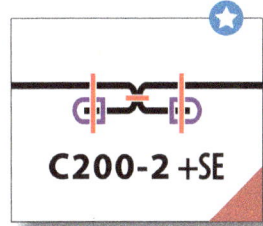

Pesp. Básico / Recta + Canto Remallado

ISO: - - - (relac. con 4.03.03)
ASTM: - - - (relac. con SSz-3)

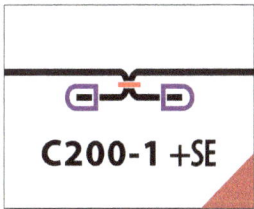

C200-1 +SE

Sin Pespunte / Recta + Canto Remallado

ISO: 1.01.05
ASTM: - - -

C210-3

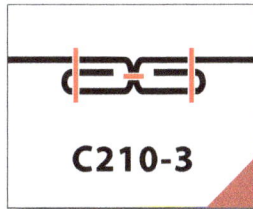

Pespunte Básico / Recta / Canto Pulido

ISO: - - -
ASTM: - - -

C201-9

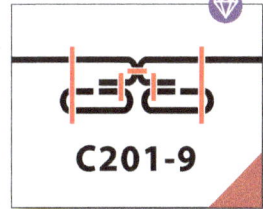

Pesp. Básico / Recta / + Canto Ribeteado

ISO: - - -
ASTM: - - -

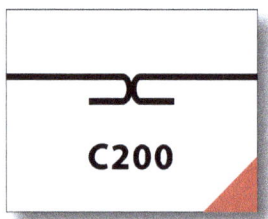

ADICIONAL

CONSTRUCCIONES

C000 C100 C010 C101 C110 C120 **C200** CD190

MIS MUESTRAS

COSTURA SÁNDWICH

Sandwich Seam

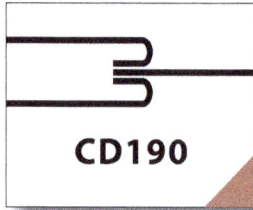

CD190

PROPIEDADES PRINCIPALES

- Resistencia: muy buena a excelente. Es más fuerte cuando tiene carga/pespunte.

- Versatilidad: excelente. Apta para la mayoría de los tejidos ya sea con bordes rectos o curvos.

- Flexibilidad: regular.

- Elasticidad: pobre.

- Costo: bajo.

- Otros:
Terminación limpia en el interior.
Reversible.
Previene el deshilachado y enrollado del borde.

USOS COMUNES

- Prendas forradas.

- Costura de escote de prendas con cuello sin pie de cuello.

- Costura de canesú y hombros de camisas y blusas.

- Puños.

- Costura de cinturilla de pantalones y faldas.

- Costura de tapetas (o carteras) de prendas sin forrar.

- Bolsos y accesorios tales como calzado.

CD190-5

EXTERIOR INTERIOR

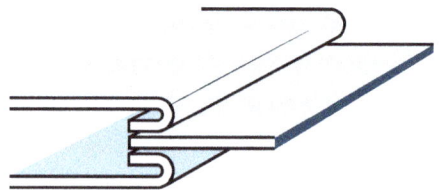

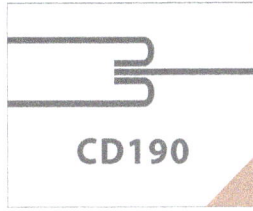

CD190

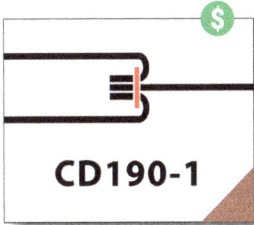

CD190-1

Sin Pespunte / Recta

ISO: - - -
ASTM: - - -

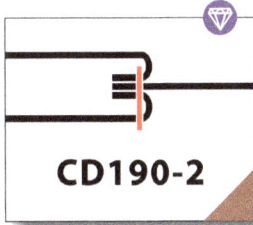

CD190-2

Pespunte de Seguri-
dad / Recta

ISO: - - -
ASTM: - - - (relac. con LSf-2)

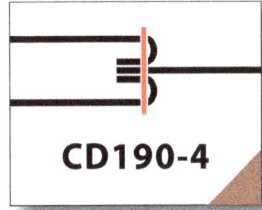

CD190-4

Pespunte al Canto /
Recta

ISO: 2.42.02
ASTM: - - - (relac. con LSe-2)

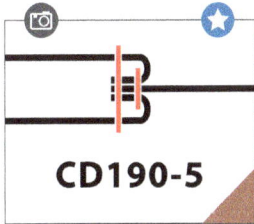

CD190-5

Pespunte Básico /
Recta

ISO: 2.42.04
ASTM: SSq-2

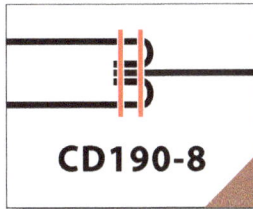

CD190-8

Pespunte Doble /
Recta

ISO: - - -
ASTM: - - -

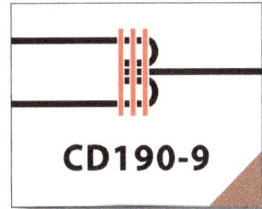

CD190-9

Pespunte Triple /
Recta

ISO: - - -
ASTM: - - -

CD190

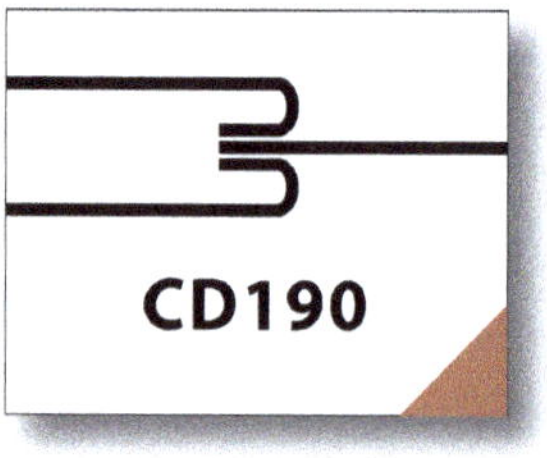

CD190

INSPIRACIÓN

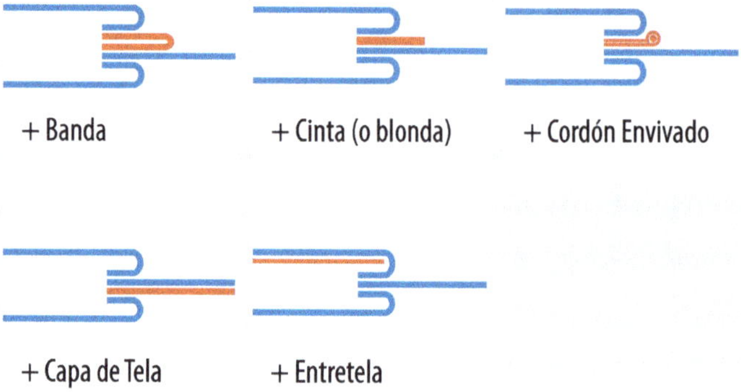

+ Banda

+ Cinta (o blonda)

+ Cordón Envivado

+ Capa de Tela

+ Entretela

CONSTRUCCIONES

C000 C100 C010 C101 C110 C120 C200

CD190

MIS MUESTRAS

TERMINACIONES

H000
CANTO RECTO

Página 57

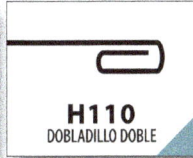

H110
DOBLADILLO DOBLE

Página 60

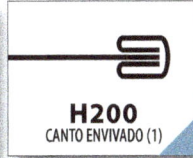

H200
CANTO ENVIVADO (1)

Página 64

H101
DOBLAD. RIBETEADO (1)

Página 67

H150
CANTO CON VISTA

Página 70

H210
BANDA EXPUESTA

Página 74

H310
CINTA EXPUESTA

Página 78

H400
VIVO EXPUESTO

Página 82

HD190
DOBLADILLO SÁNDWICH

Página 86

H160
CANTO PLEGADO

Página 90

La función principal de las *terminaciones* es evitar que el borde de la tela se deshilache o enrolle, a la vez que proporciona más resistencia.

CANTO RECTO
Unhemmed Edge

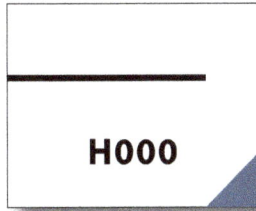

H000

PROPIEDADES PRINCIPALES

- Resistencia: regular.

- Versatilidad: excelente.

- Flexibilidad: muy buena a excelente.

- Elasticidad: muy buena a excelente.

- Costo: bajo.

- Otros:
También se la conoce como "Canto Plao Seco" o "Terminación Plana". Considera si el tejido se deshilacha fácilmente o no, y cuál es la terminación deseada.
Buena opción para evitar un grosor excesivo cuando se usan tejidos gruesos.

USOS COMUNES

- Prendas de piel y tejidos que no se deshilachan.

- Bajos de tops y vestidos de punto.

- Prendas con terminación al corte.

- Bajos de faldas largas hechas con tejidos livianos como gasa.

- Bordes curvos, cortados al bies y drapeados.

- Ropa casual o informal.

- Bolsos y accesorios.

- Tapicería.

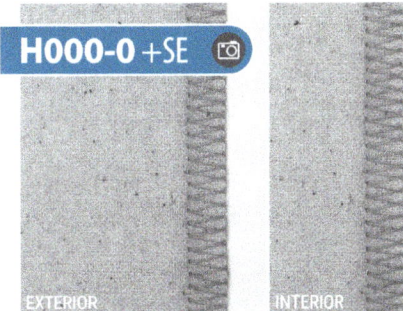

H000-0 +SE

EXTERIOR INTERIOR

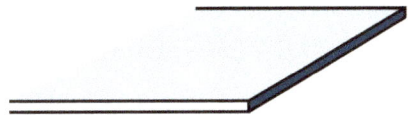

H000

CANTO A TALLO VIVO	CANTO REMALLADO	
H000-0	**H000-0** +SE	**H000-0** +RS

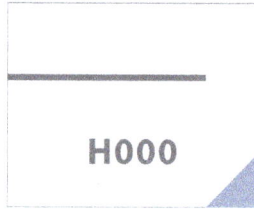

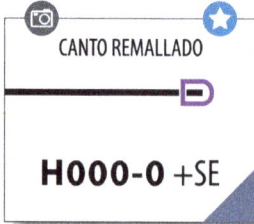

Sin Puntada/Pespunte   Puntada Overlock   Puntada Enrollada

ISO: - - -   ISO: - - - (relac. con 6.01.01)   ISO: - - - (relac. con 6.01.01)
ASTM: - - -   ASTM: EFd-1   ASTM: - - - (relac. con EFd-1)

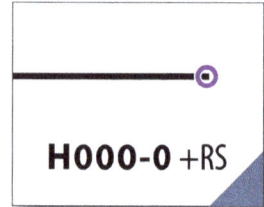

INSPIRACIÓN

+ Ribete   + Cinta (o blonda)   + Cordón Envivado

H000

MIS NOTAS

MIS MUESTRAS

DOBLADILLO DOBLE
Double Fold Hem

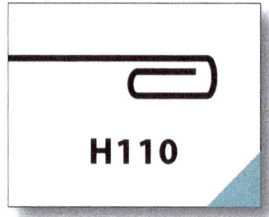

H110

PROPIEDADES PRINCIPALES

- Resistencia: buena a muy buena.

- Versatilidad: muy buena.

- Flexibilidad: buena.

- Elasticidad: buena.

- Costo: bajo.

- Otros:
También conocida como "Dobladillo Vuelta y Vuelta".
Ancho: generalmente el dobladillo es de 12mm de ancho (1/2"). Cuando este es estrecho (H110-12) tiene entre 5 y 7mm de ancho (1/4"), y si es un "Dobladillo Enrollado" el ancho es de 3 a 5mm (1/8").

USOS COMUNES

- Muy usadas en tejidos de plana.

- Bajos de prendas de plana.

- Prendas de estilo casual.

- Ampliamente usada en bajos de prendas y accesorios: camisas y blusas, mangas, vestidos, faldas y pantalones. También en bajos de ropa de niño, bolsos, calzado, accesorios y cortinas.

- Tapetas (carteras) y aberturas.

- Abertura de bolsillos.

- Volantes (volados) y pliegues: H110-10 (Dobladillo Enrollado).

H110-2 📷

EXTERIOR

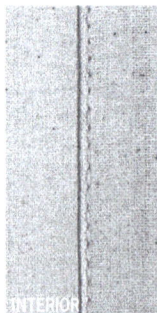

INTERIOR

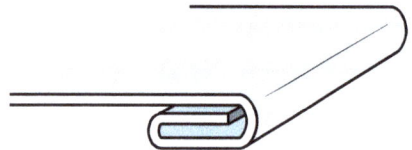

H110

TERMINACIONES

H000
H110
H200
H101
H150
H230
H310
H400
H460
HD100
H360

H110-2

Pespunte Básico /
Recta

ISO: - - - (relac. con 6.03.01)
ASTM: - - - (relac. con EFb-1)

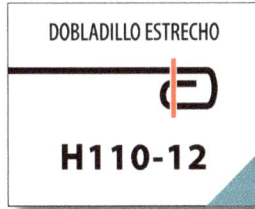

DOBLADILLO ESTRECHO

H110-12

Pespunte Básico
(estrecho) / Recta

ISO: - - - (relac. con 6.03.01)
ASTM: - - - (relac. con EFb-1)

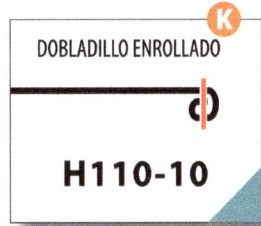

DOBLADILLO ENROLLADO

H110-10

Pespunte al Canto /
Recta

ISO: - - -
ASTM: - - -

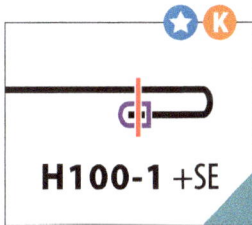

H100-1 +SE

Pesp. Básico / Recta +
Canto Remallado

ISO: - - - (relac. con 6.02.01)
ASTM: - - - (relac. con EFa-1)

H100-2 (CS)

Pespunte Doble /
Recubridora

ISO: - - - (relac. con 6.02.03)
ASTM: - - - (relac. con EFa-1)

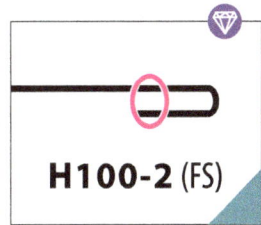

H100-2 (FS)

Recubridora Plana

ISO: - - - (relac. con 6.02.03)
ASTM: - - - (relac. con EFa-1)

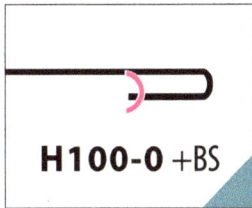

H100-0 +BS

Sin Pespunte /
Puntada Invisible

ISO: 6.02.01
ASTM: - - - (relac. con EFm-1)

H110

H130-3

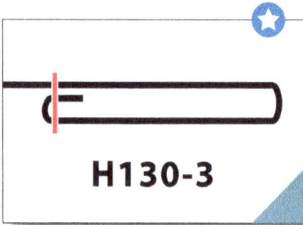

Pespunte Básico /
Recta

ISO: - - -
ASTM: - - -

H130-6

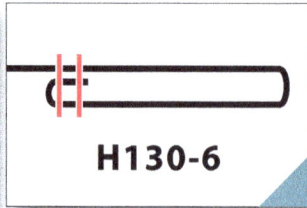

Pespunte Básico
Doble / Recta

ISO: - - -
ASTM: - - -

H130-11

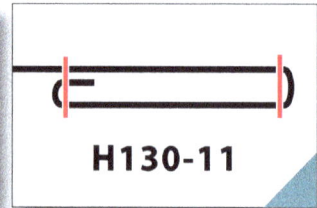

Pespunte Básico y
Pespunte al Canto /
Recta

ISO: - - - (relac. con 7.26.03)
ASTM: - - - (relac. con EFq-2)

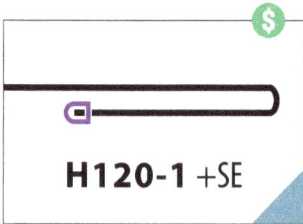

H120-1 +SE

Sin Pespunte / +
Canto Remallado

ISO: - - -
ASTM: - - -

H120-2 +SE

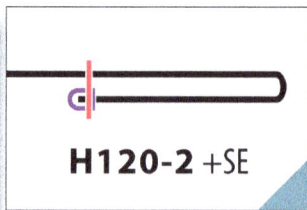

Pesp. Básico / Recta +
Canto Remallado

ISO: - - -
ASTM: - - -

H120-3 (CS)

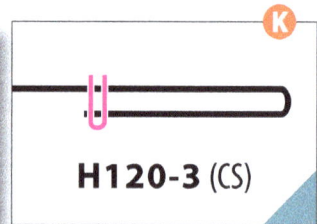

Pespunte Doble /
Recubridora

ISO: - - -
ASTM: - - -

H110

TERMINACIONES

H000

H110

H200

H101

H150

H210

H310

H400

H140

H160

MIS NOTAS

MIS MUESTRAS

CANTO ENVIVADO (1)
Binded Edge (1)

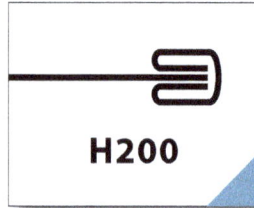

H200

PROPIEDADES PRINCIPALES

- Resistencia: excelente.

- Versatilidad: muy buena.
El ribete debe tener los mismos cuidados que el tejido.

- Flexibilidad: buena.

- Elasticidad: pobre, excepto cuando el ribete es elástico.

- Costo: medio.

- Otros:
También conocida como "Borde con Embudo".
Terminación limpia en el interior.
El ribete refuerza el canto proporcionando más estructura.

USOS COMUNES

- Prendas de estilo casual.

- Ropa deportiva.

- Lencería y trajes de baño.

- Prendas reversibles.

- Accesorios: bolsos, calzado, artículos de hogar.

- Prendas y productos de piel o símil.

- Bajos con curva o cortados al bies.

- Escote de camisetas, tops y vestidos.

- Bajo de mangas.

- Sisas de camisetas con tirantes (o vestidos).

- Abertura de puños de camisas y blusas.

- Tapetas (o carteras).

H200-1 📷

EXTERIOR

INTERIOR

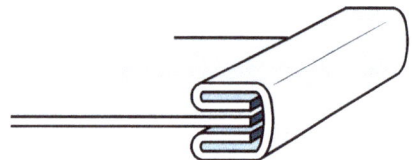

TERMINACIONES

H000

H110

H200

H101

H150

H210

H310

H400

HD190

HD160

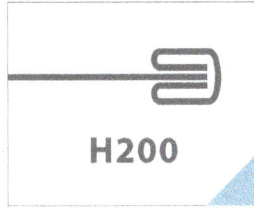

H200

H200-1

Pespunte al Canto /
Recta

ISO: 3.05.01
ASTM: BSc-1

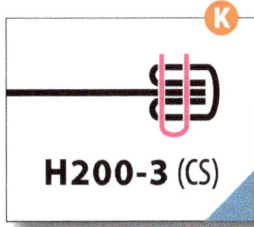

H200-3 (CS)

Pespunte Doble /
Recubridora

ISO: - - - (relac. con 3.05.12)
ASTM: - - - (relac. con BSc-2)

INSPIRACIÓN

+ Banda

+ Cinta (o blonda)

+ Cordón Envivado

+ Capa de Tela

Envivado (2)

CANTO ENCINTADO

Encintado

H200

MIS NOTAS

MIS MUESTRAS

DOBLADILLO RIBETEADO (1)

Bound Hem (1)

H101

PROPIEDADES PRINCIPALES

- Resistencia: muy buena.

- Versatilidad: muy buena.
Apta para la mayoría de los tejidos (plana y punto), ya sea con cantos rectos, curvos o cortados al bies.

- Flexibilidad: regular.

- Elasticidad: pobre.
Bajo nivel de elasticidad.

- Costo: medio a alto.

- Otros:
También conocida como "Terminación Hong Kong", o "Cinta Escondida".
Buena opción para añadir peso.
Ancho del ribete: en general es de 7 a 10 mm de ancho (0.25" a 0.4").

USOS COMUNES

- Prendas de alta calidad.

- Bajos con curva o cortados al bies.

- Escotes.

- Sisas (prendas sin mangas)

- Bajos y puños

- Tapetas estrechas.

- Abertura de bolsillos tipo parche.

- Prendas reversibles.

- Bolsos y accesorios.

H101-9 📷

EXTERIOR

INTERIOR

H101

H101-9

H101-10

H101-12

Pespunte Básico / Recta

ISO: - - - (relac. con 7.32.02)
ASTM: - - -

Pespunte Básico + Pespunte de Seguridad / Recta

ISO: - - -
ASTM: - - -

Pespunte Doble / Recta

ISO: 7.32.03
ASTM: LSk-2

INSPIRACIÓN

Costura Expuesta

+ Banda Interior

Ribeteado (4)

Ribeteado (2)

Ribeteado (3)

Ribeteado (5)

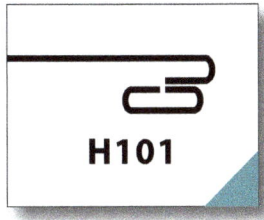

H101

MIS NOTAS

MIS MUESTRAS

CANTO CON VISTA

Faced Hem

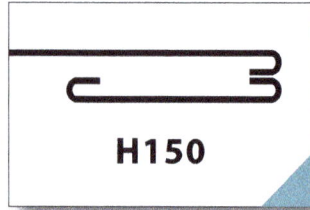

H150

PROPIEDADES PRINCIPALES

- Resistencia: buena a muy buena. Es más fuerte cuando lleva entretela.

- Versatilidad: buena a muy buena. Trabaja perfecto en telas planas, ya sea en bordes curvos o rectos.

- Flexibilidad: buena.

- Elasticidad: pobre a regular.

- Costo: medio.

- Otros:
Terminación limpia en el interior. Trabaja mejor en tejidos planos. Podría necesitar entretela para lograr un mejor resultado.
La vista estabiliza el canto.

USOS COMUNES

- Escotes y sisas de tops y vestidos sin mangas.

- Tapetas (o carteras) de camisas, blusas, y chaquetas.

- Bajos de mangas, tops, vestidos, y faldas.

- Bajos de chaquetas sin forrar y abrigos.

- Cantos curvos o cortados al bies.

- Puños y tapetas (o cartera) de puños.

- Cinturilla de faldas y pantalones de vestir.

- Abertura de bolsillos.

- Prendas reversibles.

- Bolsos, calzado y artículos de hogar.

H150-31 📷

EXTERIOR   INTERIOR

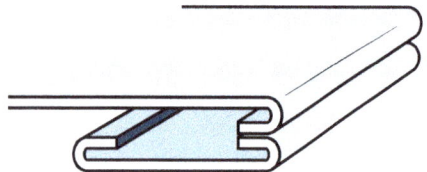

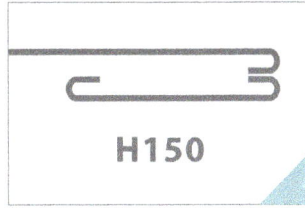

H150

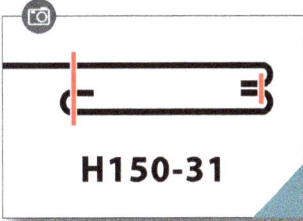

H150-31

Pespunte Básico /
Recta

ISO: - - - (relac. con 7.32.02)
ASTM: - - - (relac. con LSct-2)

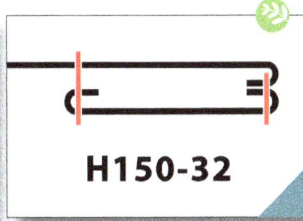

H150-32

Pespunte Básico y
Pespunte de Seguri-
dad / Recta

ISO: - - -
ASTM: - - -

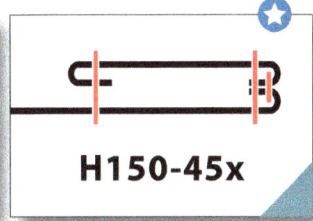

H150-45x

Costura Expuesta con
Pestaña y Pespunte
Doble / Recta

ISO: - - - (relac. con 7.32.01)
ASTM: - - - (relac. con LSk-2)

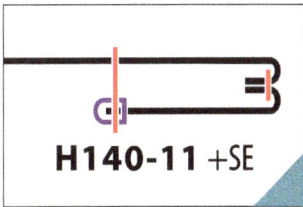

H140-11 +SE

Pesp. Básico / Recta +
Canto Remallado

ISO: - - -
ASTM: - - -

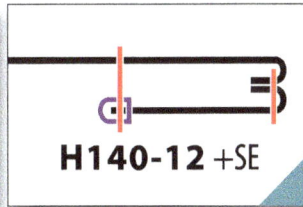

H140-12 +SE

Pesp. Básico y Pesp.
de Seguridad / Recta
+ Canto Remallado

ISO: - - - (relac. con 3.05.12)
ASTM: - - - (relac. con BSc-2)

INSPIRACIÓN

Vista Expuesta

Bajo Alargado

Bajo más Corto

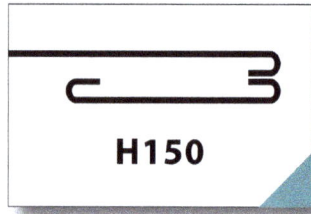

H150

H150-45x

BANDA EXPUESTA

Exposed Band

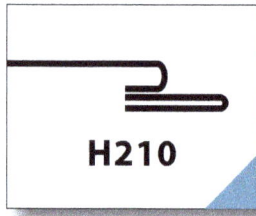

H210

PROPIEDADES PRINCIPALES

- Resistencia: buena.

- Versatilidad: excelente.
Apta para la mayoría de los tejidos, ya sea con cantos rectos, curvos o cortados al bies.
Cuando la costura es curva, es mejor que la banda esté cortada al bies.

- Flexibilidad: buena.

- Elasticidad: buena a pobre.
La recuperación al estiramiento mejora cuando la banda es de punto o está cortada al bies.

- Costo: regular.

- Otros:
También conocida como "Dobladillo con Vivo".

USOS COMUNES

- Ampliamente usada en prendas de punto, como camisetas y sudaderas (o buzos).

- Ropa deportiva.

- Cantos curvos o con corte al bies.

- Escote de camisetas, tops y vestidos.

- Puños de camisas y blusas.

- Sisas de camisetas con tirantes (o vestidos).

- Cinturas con banda elástica.

- Bajos y puños con frunces hechos con banda elástica.

- Puños y bajos en tejido de punto, tales como joggings.

H210-1 (OS) 📷

EXTERIOR INTERIOR

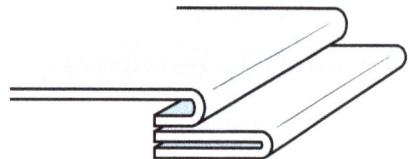

H210

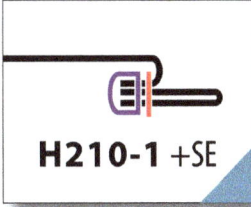

H210-1 +SE

Sin Pespunte / Recta
+ Canto Remallado

ISO: - - -
ASTM: - - -

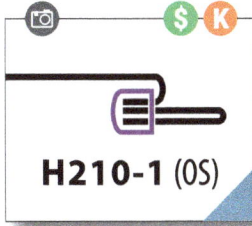

H210-1 (OS)

Sin Pespunte / Puntada Overlock

ISO: - - -
ASTM: - - -

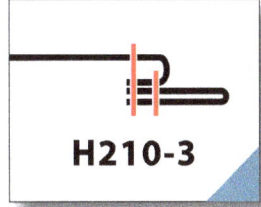

H210-3

Pespunte Básico /
Recta

ISO: - - -
ASTM: - - -

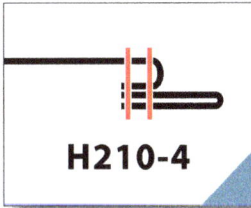

H210-4

Pespunte Doble /
Recta

ISO: - - -
ASTM: - - -

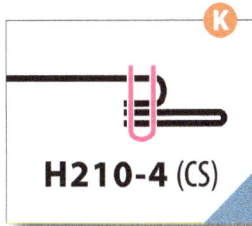

H210-4 (CS)

Pespunte Doble /
Recubridora

ISO: - - -
ASTM: - - -

H210-4 (FS)

Recubridora Plana

ISO: - - -
ASTM: - - -

ADICIONAL

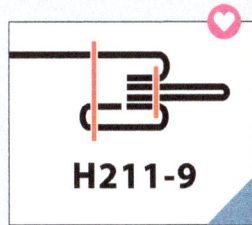

H211-9

H210

H210-1 (OS)

CINTA EXPUESTA

Exposed Tape

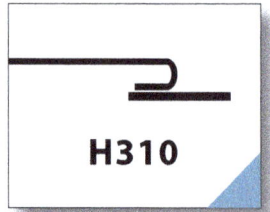

H310

PROPIEDADES PRINCIPALES

- Resistencia: buena a muy buena.

- Versatilidad: muy buena.
Se adapta a la gran mayoría de tejidos.
Funciona mejor en bordes rectos.
La cinta debe tener los mismos cuidados que el tejido.

- Flexibilidad: buena.

- Elasticidad: buena a pobre

- Costo: regular.

- Otros:
También conocida como "Borde con Cinta".
La cinta brinda un toque decorativo si se usa un color contrastante o coordinado.

USOS COMUNES

- Ropa deportiva.

- Lencería y trajes de baño.

- Puños de camisas y blusas.

- Polos: puños y cuellos hechos en rib.

H310-3

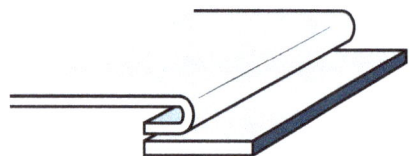

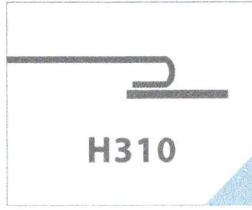

H310

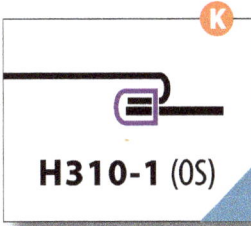

H310-1 (OS)

Sin Pespunte / Pun-
tada Overlock

ISO: - - -
ASTM: - - -

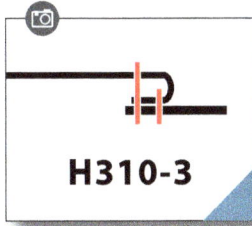

H310-3

Pespunte Básico /
Recta

ISO: - - -
ASTM: - - -

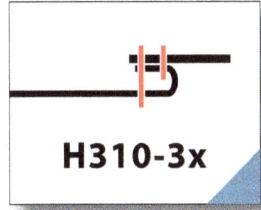

H310-3x

Cinta Expuesta con
Pespunte Doble /
Recta

ISO: - - -
ASTM: - - -

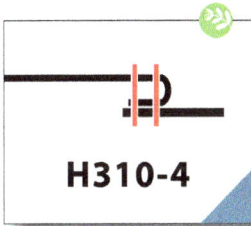

H310-4

Pespunte Doble /
Recta

ISO: - - -
ASTM: - - -

H310

ADICIONAL

H311-9

H310

MIS NOTAS

MIS MUESTRAS

H200B
CANTO ENVIVADO + BANDA

VIVO EXPUESTO
Exposed Piping

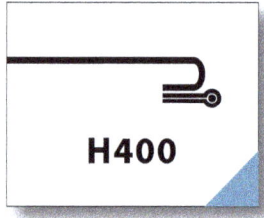

H400

PROPIEDADES PRINCIPALES

- Resistencia: buena a muy buena.

- Versatilidad: buena.
Apta para la mayoría de los tejidos
(plana y punto), ya sea con cantos
rectos, curvos o cortados al bies.
El vivo debe tener los mismos cuidados que el tejido.

- Flexibilidad: buena.

- Elasticidad: buena a pobre.

- Costo: regular.

- Otros:
También conocida como "Borde
Envivado" y "Canto con Vivo".
El vivo proporciona más estructura al
canto.

USOS COMUNES

- Prendas de estilo casual.

- Ropa deportiva.

- Lencería y trajes de baño.

- Puños.

- Accesorios.

- Prendas y productos en general
hechos en piel o símil.

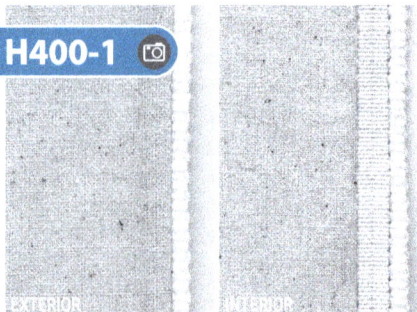

H400-1 📷

EXTERIOR   INTERIOR

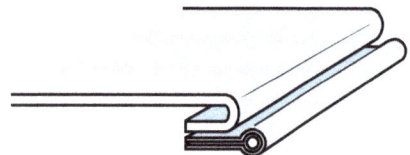

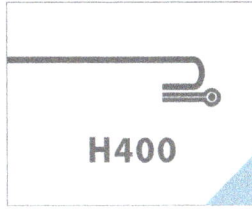

H400

H400-1

Sin Pespunte / Recta

ISO: - - -
ASTM: - - -

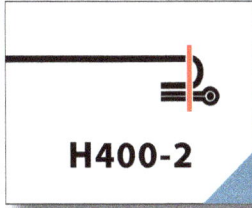

H400-2

Pespunte al Canto / Recta

ISO: - - -
ASTM: - - -

H400-3

Pespunte Básico / Recta

ISO: - - -
ASTM: - - -

H400-4

Pespunte Doble / Recta

ISO: - - -
ASTM: - - -

ADICIONAL

H401-9

H400

MIS NOTAS

MIS MUESTRAS

C010-1

DOBLADILLO SÁNDWICH
Sandwich Hem

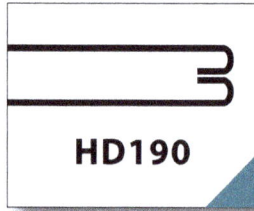

HD190

PROPIEDADES PRINCIPALES

- Resistencia: buena a muy buena.

- Versatilidad: excelente.
Apta para la mayoría de los tejidos (plana y punto), ya sea con cantos rectos o curvos.

- Flexibilidad: buena.

- Elasticidad: regular a pobre.

- Costo: bajo.

- Otros:
Podría requerir el uso de entretela.
Terminación limpia en el interior.
Reversible: el lado interior puede ser usado hacia el exterior.

USOS COMUNES

- Prendas forradas: bajos, escotes, puños, y mangas.

- Prendas reversibles.

- Escotes y capuchas.

- Cantos curvos o cortados al bies.

- Canto de solapas.

- Canto de fondo de bolsillos.

- Escote "Ojo de Cerradura".

- Bolsos, calzado y accesorios en general.

HD190-5

EXTERIOR

INTERIOR

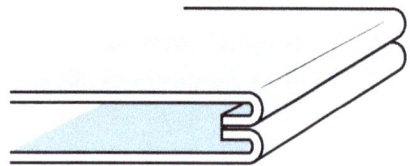

HD190

HD190-1

Sin Pespunte / Recta

ISO: - - - (relac. con 1.01.01)
ASTM: - - - (relac. con Ssa-1)

HD190-2

Pespunte de Seguridad / Recta

ISO: - - -
ASTM: - - -

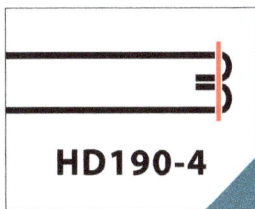

HD190-4

Pespunte al Canto / Recta

ISO: 1.06.01
ASTM: SSc-1

HD190-5

Pespunte Básico / Recta

ISO: 1.06.02
ASTM: SSe-2

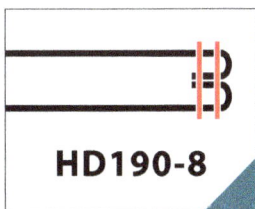

HD190-8

Pespunte Doble / Recta

ISO: 1.06.04
ASTM: - - -

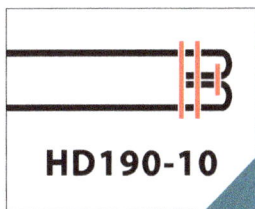

HD190-10

Pespunte Doble fuera del Canto / Recta

ISO: - - -
ASTM: - - -

HD190

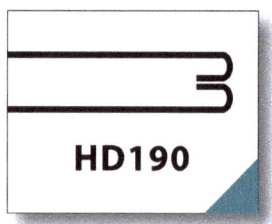

HD190

INSPIRACIÓN

Bajo Alargado

Bajo más corto

+ Entretela

+ Banda Expuesta

+ Cinta Expuesta

+ Vivo Expuesto

TERMINACIONES

H000 H110 H200 H101 H150 H210 H310 H400

HD190

H160

MIS MUESTRAS

CANTO PLEGADO
Turned Edge

H160

PROPIEDADES PRINCIPALES

- Resistencia: muy buena.

- Versatilidad: excelente.
Apta para la mayoría de los tejidos
(plana y punto).

- Flexibilidad: excelente.

- Elasticidad: muy buena a excelente.

- Costo: bajo.

- Otros:
También conocida como "Canto
Vuelto" y "Borde con Vuelta".
El uso de entretela podría ser necesario
para lograr un resultado óptimo.
Buena opción para evitar gruesos
excesivos al utilizar tejidos pesados.

USOS COMUNES

- Prendas forradas y reversibles.

- Bajos y bajo de mangas de chaquetas
y abrigos en general.

- Cantos de puño de camisa.

- Cuello alto, cuello vuelto o cuello
tortuga.

- Accesorios: bolsos, calzado, decoración del hogar

- Tapicería.

H160-0
EXTERIOR

INTERIOR

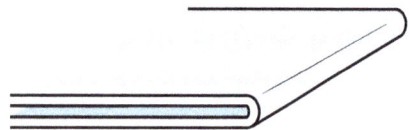

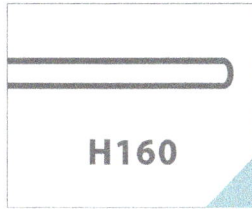

H160

H160-0

Sin Pespunte

ISO: - - -
ASTM: - - -

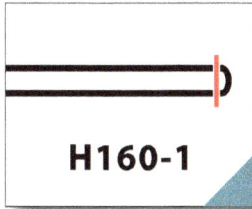

H160-1

Pespunte al Canto / Recta

ISO: - - - (relac. con 5.45.01)
ASTM: OSf-1

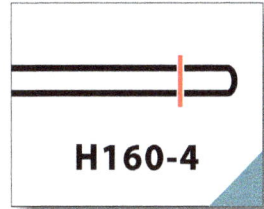

H160-4

Pespunte Básico / Recta

ISO: 5.45.01
ASTM: - - - (relac. con OSf-1)

INSPIRACIÓN

+ Forro

+ Forro y Banda

+ Forro y Cinta

H160

H160

HD190-8

DETALLES

 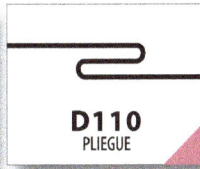 

| Página 97 | Página 100 | Página 104 |

La categoría de *detalles* incluye aquellas costuras que adornan o embellecen al diseño, dan volumen y unen piezas sobre la tela.

PARCHE
Patch

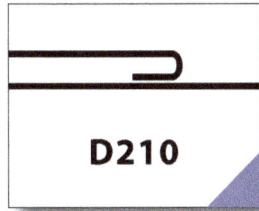

D210

PROPIEDADES PRINCIPALES

- Resistencia: muy buena a excelente.

- Versatilidad: muy buena.

- Flexibilidad: buena.

- Elasticidad: pobre.

- Costo: medio.

- Otros:
Reversible.
Terminación limpia en ambos lados.

USOS COMUNES

- Prendas de trabajo.

- Costura lateral de Bolsillos Parche (incluyendo Bolsillo de Canguro).

- Canto superior de las tapas de bolsillo.

- Pantalones: canto de vista de bolsillos laterales.

- Parches de codo.

- Canesú interior espalda de polos.

- Bolsos, calzado y accesorios.

- Aplique para tejidos que deshilachan con facilidad.

D210-4

EXTERIOR

INTERIOR

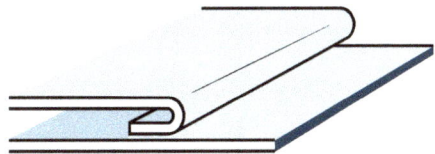

D210

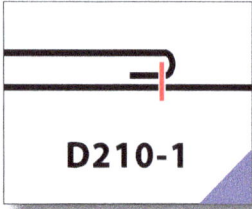

D210-1

Sin Pespunte / Recta

ISO: - - - (relac. con 1.02.01)
ASTM: - - - (relac. con SSbd-1)

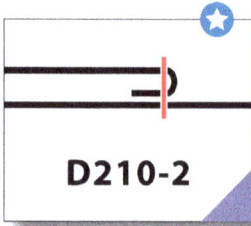

D210-2

Pespunte al Canto / Recta

ISO: 5.31.01
ASTM: LSd-1

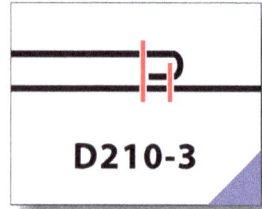

D210-3

Pespunte Básico / Recta

ISO: 5.31.04
ASTM: LSbk-2

D210-4

Pespunte Doble / Recta

ISO: - - - (relac. con 5.31.03)
ASTM: LSd-2

INSPIRACIÓN

+ Banda   + Cinta (o blonda)   + Cordón Envivado

D210

MIS NOTAS

MIS MUESTRAS

PLIEGUE
Pleat

D110

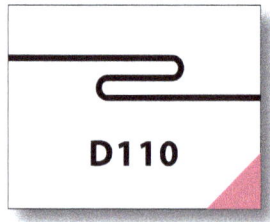

PROPIEDADES PRINCIPALES

- Resistencia: regular a buena.
Es más fuerte cuando está cerrado o al agregar un pespunte.

- Versatilidad: excelente.
Apta para la mayoría de los tejidos (plana y punto).

- Flexibilidad: buena a muy buena.

- Elasticidad: buena.

- Costo: bajo a medio.

- Otros:
Cuando está abierto, le da volumen a la prenda. Y cuando está cerrado, reduce el volumen.
Este grupo incluye: pinzas y plisados.

USOS COMUNES

- Áreas de cintura, cadera y busto de la ropa de mujer.

- Faldas y pantalones.

- Ropa de niños.

- Costuras de puño en camisas y blusas.

- Canesú trasero de camisas y blusas.

- Espalda interior de abrigos forrados.

- Bolsillos parche.

- Bolsos y calzado.

- Accesorios como sombreros.

- Artículos de decoración del hogar (cortinas, almohadones).

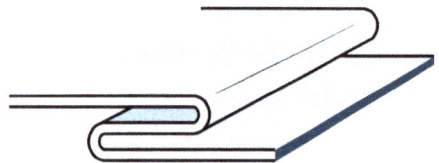

- Tapicería.

D110-0

EXTERIOR   INTERIOR

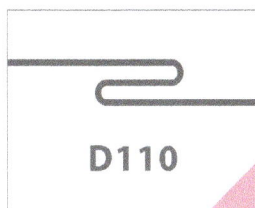

D110

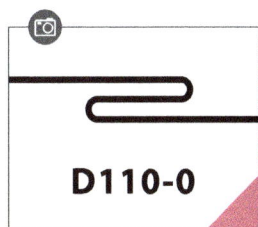

D110-0

Sin Pespunte

ISO: - - -
ASTM: - - -

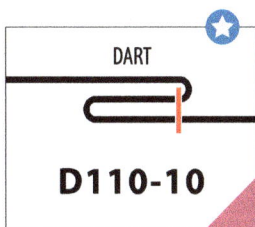

DART

D110-10

Sin Pespunte / Recta

ISO: - - - (relac. con 5.45.01)
ASTM: - - - (relac. con OSf-1)

D110-13

Pespunte Básico / Recta

ISO: - - -
ASTM: - - -

ADICIONAL

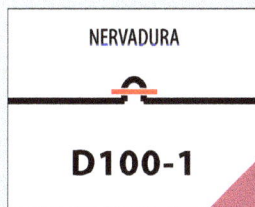

NERVADURA

D100-1

D110

H200-1

TABLA
Box Pleat

D111

PROPIEDADES PRINCIPALES

- Resistencia: buena a muy buena.
Es más fuerte cuando está cerrado o al agregar un pespunte.

- Versatilidad: muy buena.
Apta para la mayoría de los tejidos (plana y punto). Puede resultar muy grueso y rígido en telas pesadas.

- Flexibilidad: regular.

- Elasticidad: regular a pobre.

- Costo: bajo a medio.

- Otros:
Reversible: cuando se usa el lado interno hacia arriba, se llama "Fuelle" (o "Tabla Invertida" (grupo D112) y su aspecto es plano y limpio.

USOS COMUNES

- Faldas y pantalones.

- Ropa de niños.

- Canesú trasero de camisas y blusas.

- Espalda interior de abrigos forrados.

- Bolsillos parche.

- Bolsos y accesorios.

D111-1

EXTERIOR INTERIOR

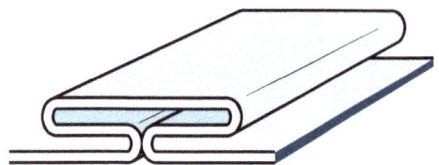

D111

D111-0

Sin Pespunte

ISO: - - -
ASTM: - - -

D111-0A

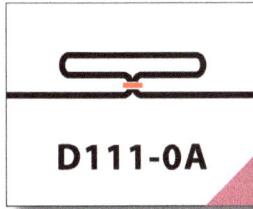

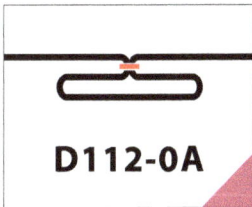

Sin Pespunte / Recta

ISO: - - - (relac. con 5.45.01)
ASTM: - - - (relac. con OSf-1)

D111-1

Pespunte al Canto / Recta

ISO: - - -
ASTM: - - -

D112-0A

Sin Pespunte / Recta

ISO: - - - (relac. con 5.45.01)
ASTM: - - - (relac. con OSf-1)

D112-1

Sin Pespunte con Pespunte al Canto Interior / Recta

ISO: - - -
ASTM: - - -

D112-5

Pespunte al Canto / Recta

ISO: - - -
ASTM: - - -

D111

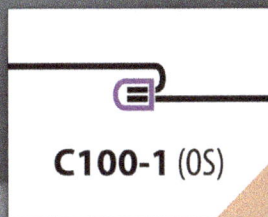

C100-1 (0S)

SUMARIO

C000-1 +SE	**P. 30** C100 COSTURA CAÍDA	C100-1	C100-1 +SE	C100-1 (OS)	C100-2	C100-3
C010-1	**P. 37** C101 COSTURA RIBETEADA (1)	C101-9	C101-10	C101-12	**P. 40** C110 COSTURA PULIDA	C110-1
C120-4 (CS)	**P. 46** C200 COSTURA ABIERTA	C200-1	C200-2	C200-2 +SE	C200-1 +SE	C210-3
CD190-4	CD190-5	CD190-8	CD190-9	**TERMINACIÓN**	**P. 57** H000 CANTO PALO SECO	H000-0
H110-10	H100-1 +SE	H100-2 (CS)	H100-2 (FS)	H100-0 +BS	H130-3	H130-6
H200-1	H200-3 (CS)	**P. 67** H101 DOBLAD. RIBETEADO (1)	H101-9	H101-10	H101-12	**P. 70** H150 CANTO CON VISTA
P. 74 H210 BANDA EXPUESTA	H210-1 +SE	H210-1 (OS)	H210-3	H210-4	H210-4 (CS)	H210-4 (FS)
H310-4	H311-9	**P. 82** H400 VIVO EXPUESTO	H400-1	H400-2	H400-3	H400-4
HD190-5	HD190-8	HD190-10	**P. 90** H160 CANTO PLEGADO	H160-0	H160-1	H160-4
D210-4	**P. 100** D110 PLIEGUE	D110-0	D110-10	D110-13	D100-1	**P. 104** D111 TABLA
D112-5						

Descarga un póster grande del "Sumario - 101 Costuras" en www.abcseams.com/101costuras-sumario.

K tejido de punto · la más usada · la más duradera · alta calidad · S la más económica · favorita · fotografía

Tercera Parte

MATERIAL DE REFERENCIA

PUNTADAS

TIPOS Y DENOMINACIONES

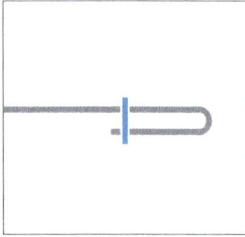

PUNTADA RECTA
lock stitch

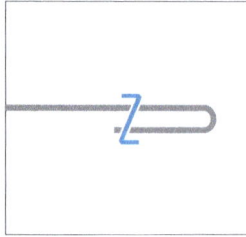

ZIG-ZAG
zig-zag

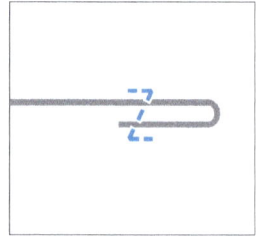

ZIG-ZAG 3 PASOS
3-steps zig-zag

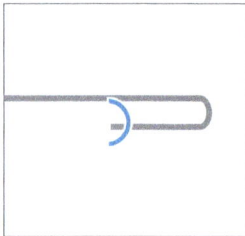

PUNTADA INVISIBLE
blind stitch

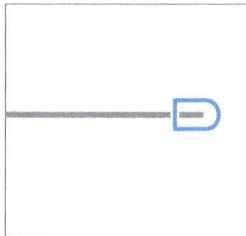

OVERLOCK
(o Remalladora)
overlock

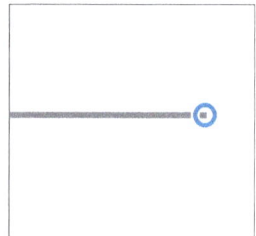

PUNTADA ENROLLADA
roll stitch

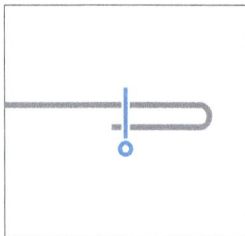

CADENETA
chain stitch

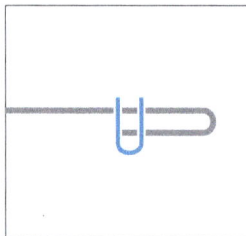

RECUBRIDORA
cover stitch

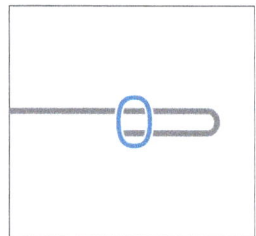

RECUBRIDORA PLANA
flatlock stitch

MIS MUESTRAS

PESPUNTES

TIPOS Y DENOMINACIONES

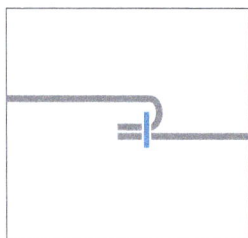

SIN PESPUNTE
without topstitch

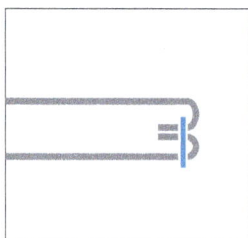

PESP. DE SEGURIDAD
understitch

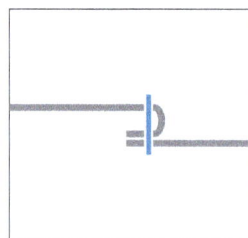

PESPUNTE AL CANTO
edge stitch

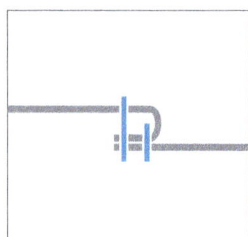

PESPUNTE BÁSICO
basic topstitch

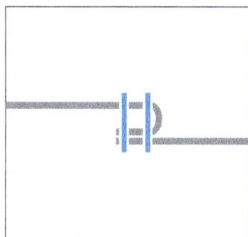

PESPUNTE DOBLE
double topstitch

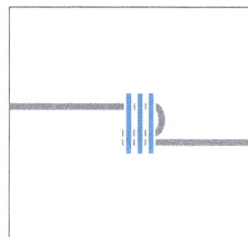

PESPUNTE TRIPLE
triple topstitch

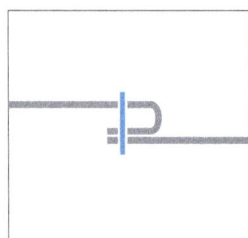

PESPUNTE BÁSICO con PESTAÑA
basic topstitch whit flap

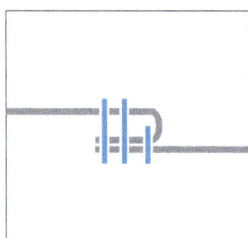

PESP. BÁSICO DOBLE
double basic topstitch

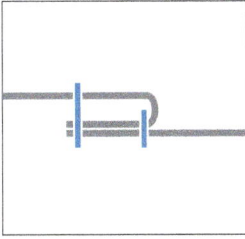

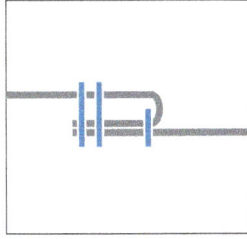

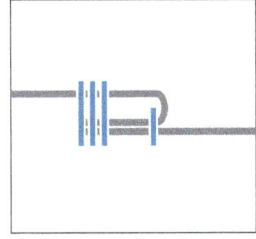

PESPUNTE BÁSICO FUERA DEL CANTO
topstitch off-seam

PESPUNTE DOBLE FUERA DEL CANTO
double topstitch off-seam

PESPUNTE TRIPLE FUERA DEL CANTO
triple topstitch off-seam

MIS MUESTRAS

FICHAS TÉCNICAS

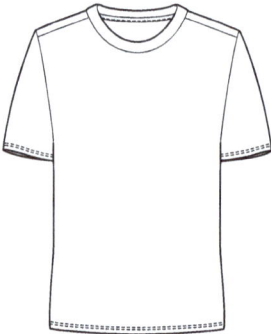

Página 118

Página 120

Página 122

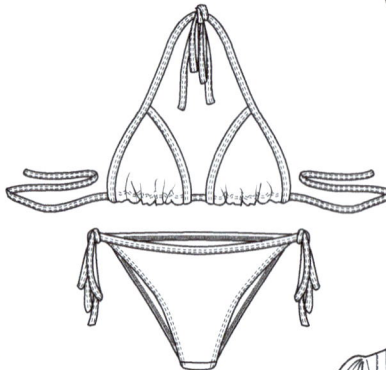

Página 136

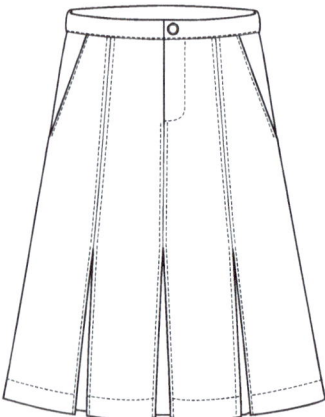

Página 134

Página 139

Página 126

Página 132

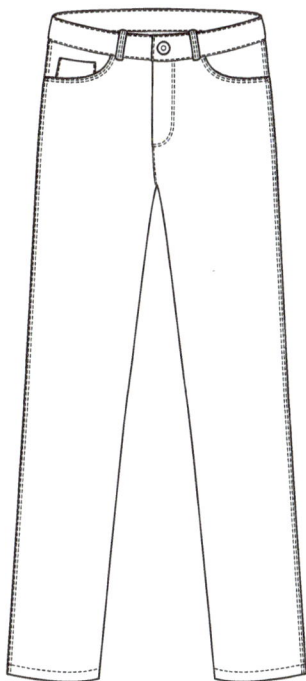

Página 128

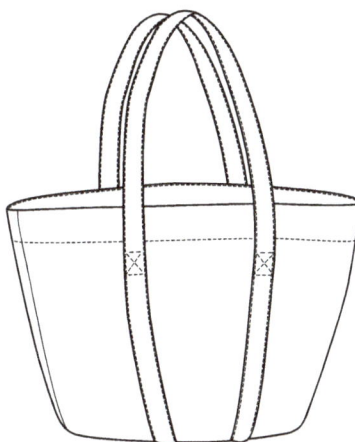

Página 140

MODELO:	**MARC**
Código:	#04-968
Tejido:	Algodón 7458 / 185 g. / color 238
Descripción:	Camiseta clásica slim fit

REFERENCIA DE COSTURAS

①

Banda de cuello 1,5 cm

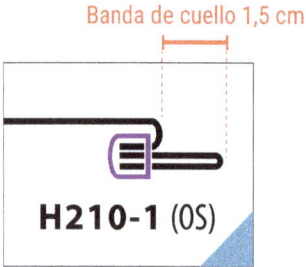

H210-1 (OS)

②

Banda de cuello 1,5 cm

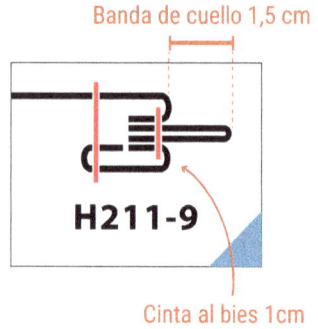

H211-9

Cinta al bies 1cm

③

1cm

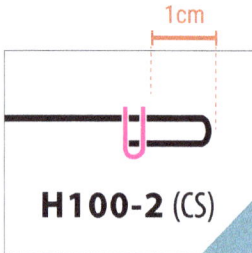

H100-2 (CS)

④

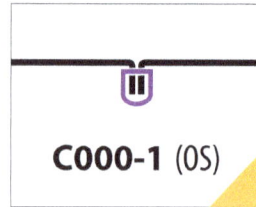

C000-1 (OS)

⑤

⑥

Temporada: **SS22**	Diseñador: **Arnau**	
Colección: **Básicos**	Proveedor: **PITU Tex**	
Rango Tallas: **XS, S, M, L, XL**	Fecha entrega: **20/02/21**	ABC**SEAMS**®
Talla Base: **M** **PROTOTIPO**	Devolución: **02/03/21**	

Escote (espalda)
Neckline (back)

(2)

Costura de hombro
Shoulder Seam

Escote (frente)
Neckline (front)

(1)

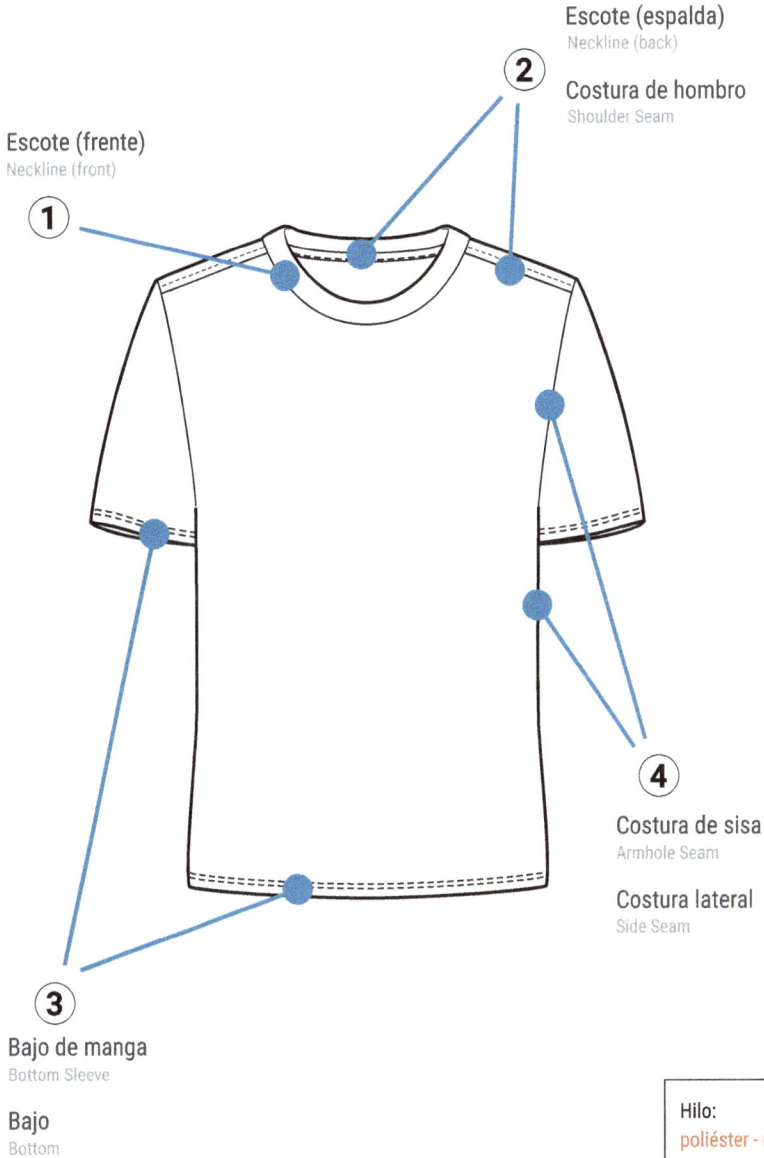

(4)

Costura de sisa
Armhole Seam

Costura lateral
Side Seam

(3)

Bajo de manga
Bottom Sleeve

Bajo
Bottom

Hilo:
poliéster - nro. 100
color al tono
5 ppc

MODELO:	**FRANCIS**
Código:	#06-719
Tejido:	Piqué 08349 / 200 g. / color 825
Descripción:	Polo con detalles en rib

REFERENCIA DE COSTURAS

①

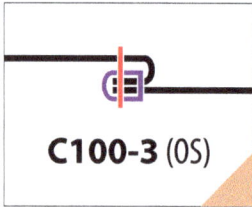

C100-3 (OS)

②

C000-1 (OS)

③

1,3cm

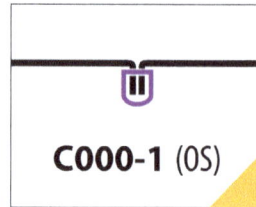

H100-2 (CS)

④

1cm

C101-10

⑤

1,3cm

Tapeta superior

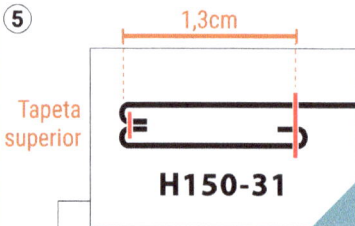

H150-31

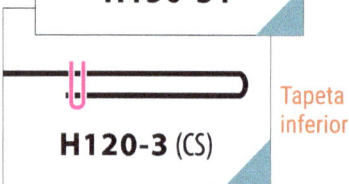

Tapeta inferior

H120-3 (CS)

⑥

1,3cm

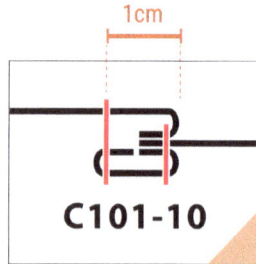

H310-1 (OS)

Temporada:	SS22		Diseñador:	Rosa
Colección:	Básicos		Proveedor:	PITU Tex
Rango Tallas:	XS, S, M, L, XL		Fecha entrega:	20/02/21
Talla Base:	M	PROTOTIPO	Devolución:	02/03/21

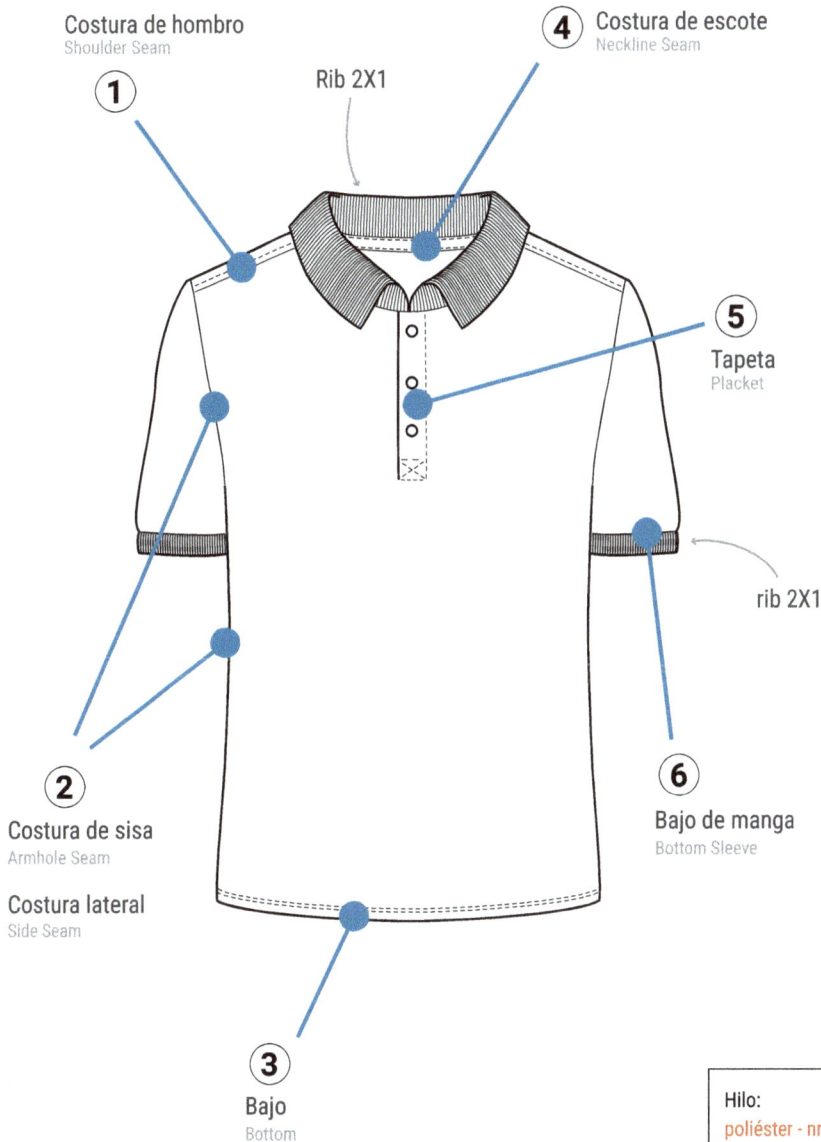

ABCSEAMS®

Costura de hombro
Shoulder Seam

(1)

Rib 2X1

(4) Costura de escote
Neckline Seam

(5)

Tapeta
Placket

rib 2X1

(2)

Costura de sisa
Armhole Seam

Costura lateral
Side Seam

(6)

Bajo de manga
Bottom Sleeve

(3)

Bajo
Bottom

Hilo:
poliéster - nro. 100
color al tono
5 ppc

MODELO:	**LOUIS**
Código:	#07-342
Tejido:	Algodón 2436 / 170 g. / color 008
Descripción:	Camisa clásica con bolsillo en el pecho

REFERENCIA DE COSTURAS

① C100-3 (0S)

② D210-2

③ H110-2

④ HD190-8

⑤ 2cm
H130-3

⑥ 2,5cm
H150-45x
Tapeta superior

H130-3
Tapeta inferior

⑦ D110-0

Temporada: **SS22**	Diseñador: **Aleks**	
Colección: **Básicos**	Proveedor: **PITU Tex**	
Rango Tallas: **XS, S, M, L, XL**	Fecha entrega: **20/02/21**	
Talla Base: **M** **PROTOTIPO**	Devolución: **02/03/21**	**ABCSEAMS®**

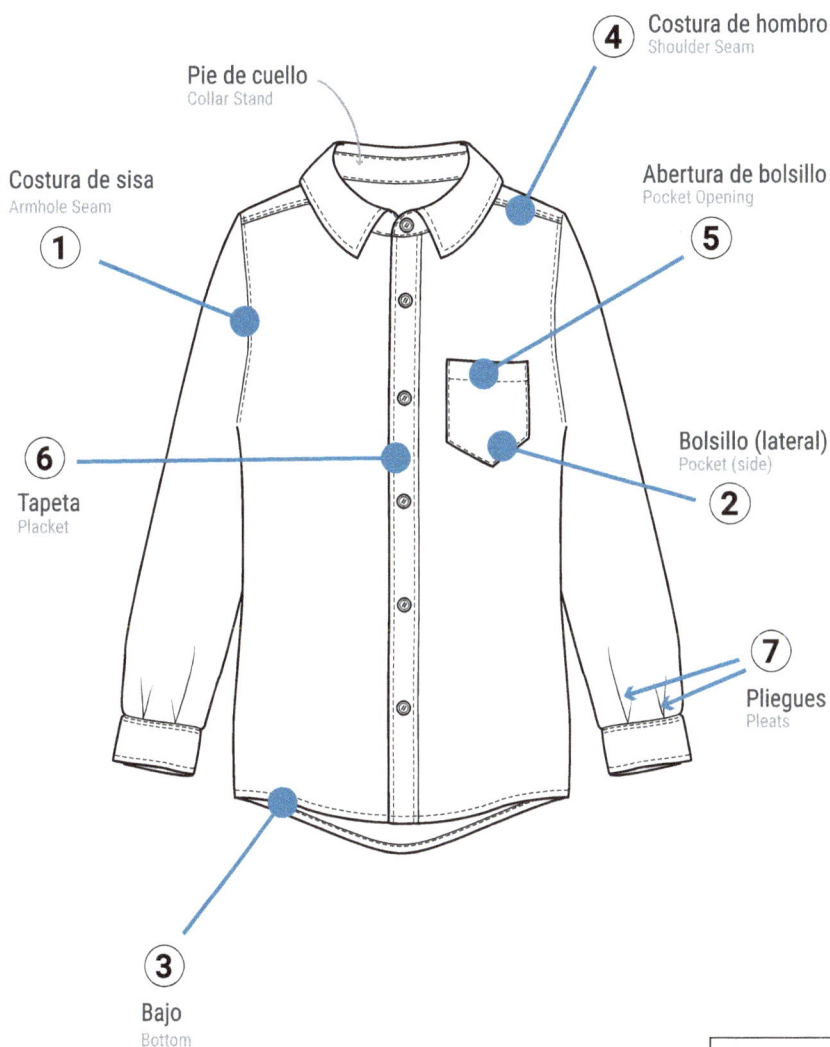

Pie de cuello
Collar Stand

4 Costura de hombro
Shoulder Seam

Costura de sisa
Armhole Seam

1

Abertura de bolsillo
Pocket Opening

5

6

Tapeta
Placket

Bolsillo (lateral)
Pocket (side)

2

7

Pliegues
Pleats

3

Bajo
Bottom

Hilo:
algodón - nro. 100
color al tono
4 ppc

MODELO:	**LOUIS**
Código:	#07-342
Tejido:	Algodón 2436 / 170 g. / color 008
Descripción:	Camisa clásica con bolsillo en el pecho

REFERENCIA DE COSTURAS

⑧

HD190-5

⑨

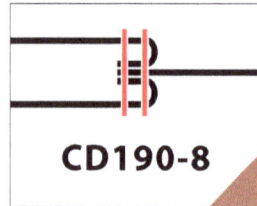

CD190-8

⑩

3cm

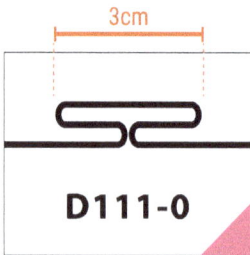

D111-0

⑪

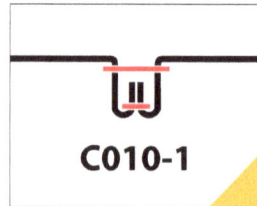

C010-1

⑫

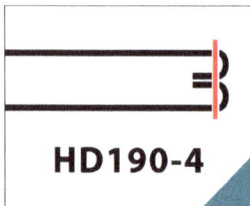

HD190-4

⑬

Temporada: **SS22**	Diseñador: **Aleks**	
Colección: **Básicos**	Proveedor: **PITU Tex**	
Rango Tallas: **XS, S, M, L, XL**	Fecha entrega: **20/02/21**	**ABCSEAMS**
Talla Base: **M** **PROTOTIPO**	Devolución: **02/03/21**	

Manga: Detalle de puño

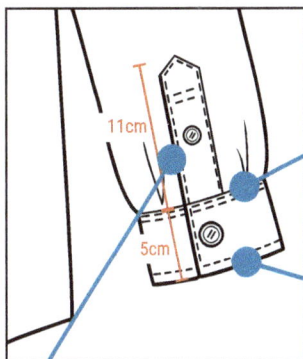

11cm

5cm

9 Costura del puño
Cuff Seam

Borde del puño
Cuff Edge

8 Borde del cuello
Collar Edge

12 Abertura de manga
Cuff Vent

Costura de canesú
Yoke Seam

9

Tabla
Box Pleat

10

Costuras laterales
Side Seams

11

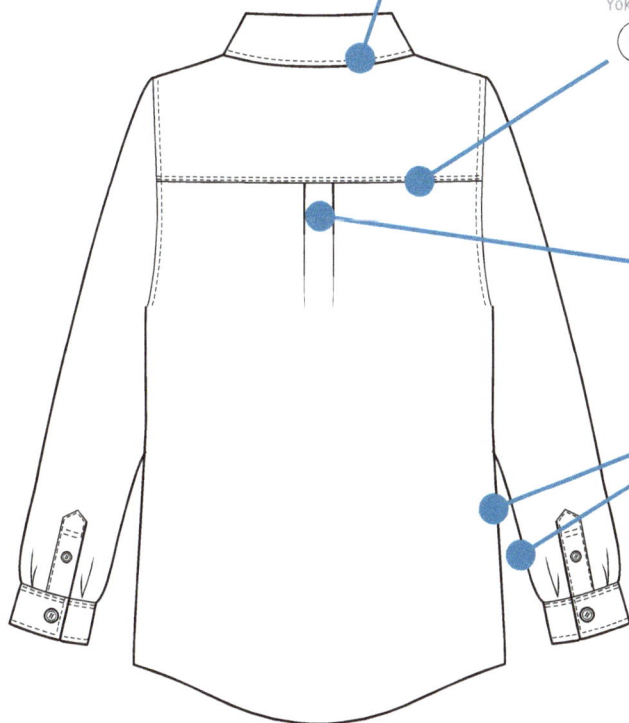

Hilo:
algodón - nro. 100
color al tono
4 ppc

MODELO:	**PACHA**
Código:	#02-343
Tejido:	Seda 0254 / 150 g. / color 008
Descripción:	Blusa con escote barco

REFERENCIA DE COSTURAS

①

C100-1 (OS)

②

C000-1 (OS)

③

1,5cm

H210-1 (OS)

④

3cm

H140-12 +SE

⑤

1,5cm

H101-9

⑥

Temporada: **SS22**	Diseñador: **Tory**	
Colección: **Básicos**	Proveedor: **PITU Tex**	
Rango Tallas: **XS, S, M, L, XL**	Fecha entrega: **20/02/21**	ABC**SEAMS**
Talla Base: **S** PROTOTIPO	Devolución: **02/03/21**	

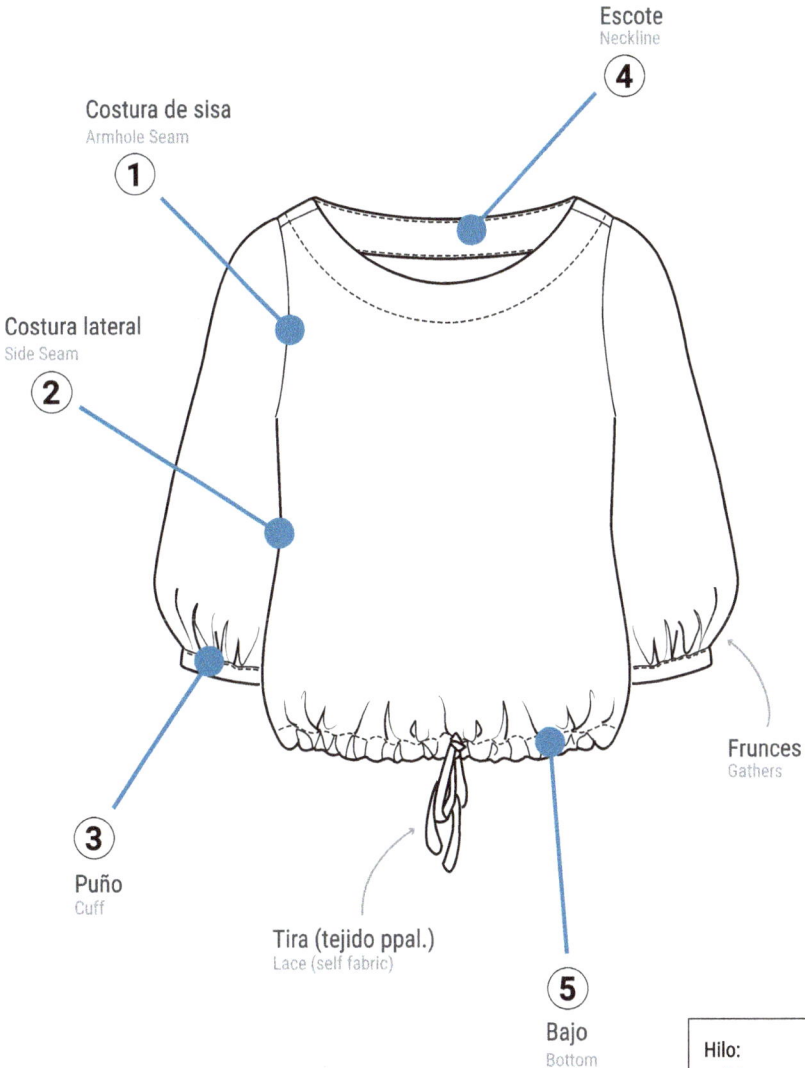

Escote
Neckline

4

Costura de sisa
Armhole Seam

1

Costura lateral
Side Seam

2

Frunces
Gathers

3

Puño
Cuff

Tira (tejido ppal.)
Lace (self fabric)

5

Bajo
Bottom

Hilo:
poliéster - nro. 100
color al tono
5 ppc

MODELO:	**HAUTS**
Código:	**#04-968**
Tejido:	**Denim 0256 / 11 oz / color 252**
Descripción:	**Tejano de 5 bolsillos**

REFERENCIA DE COSTURAS

1

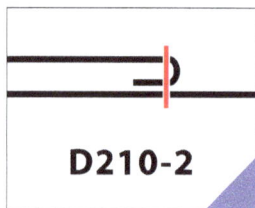

D210-2

2

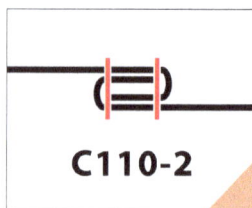

C110-2

3

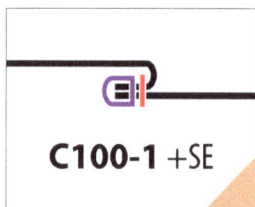

C100-1 +SE

4

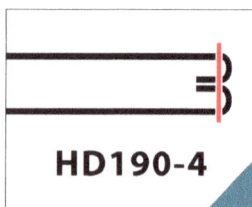

HD190-4

5

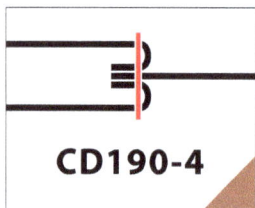

CD190-4

6

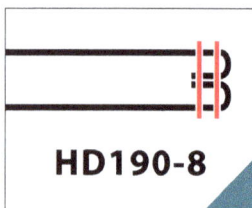

HD190-8

Temporada: **SS22**	Diseñador: **Jessica**	
Colección: **Básicos**	Proveedor: **PITU Tex**	
Rango Tallas: **36, 38, 40, 42, 44**	Fecha entrega: **20/02/21**	ABC**SEAMS**
Talla Base: **40** PROTOTIPO	Devolución: **02/03/21**	

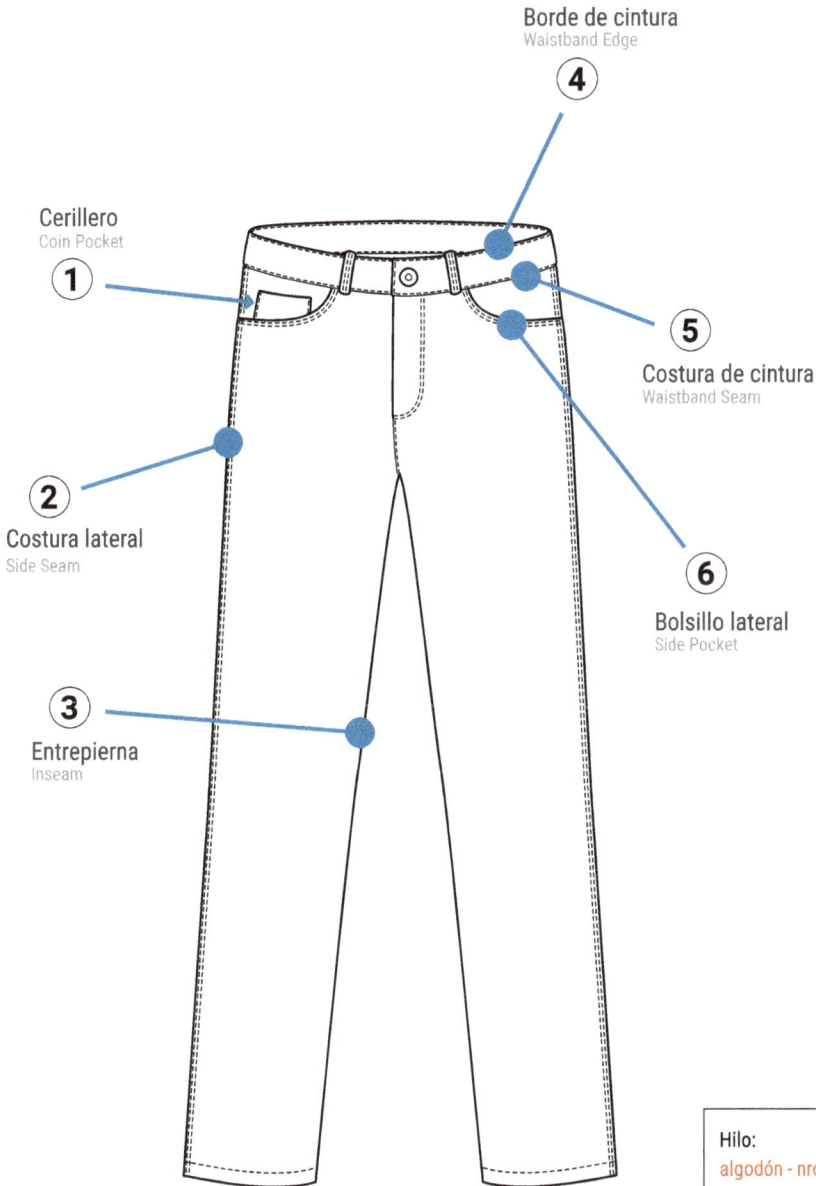

Borde de cintura
Waistband Edge
4

Cerillero
Coin Pocket
1

5
Costura de cintura
Waistband Seam

2
Costura lateral
Side Seam

6
Bolsillo lateral
Side Pocket

3
Entrepierna
Inseam

Hilo:
algodón - nro. 30
marrón P12-1007
2 ppc

MODELO:	**HAUTS**
Código:	#04-968
Tejido:	Denim 0256 / 11 oz / color 252
Descripción:	Tejano de 5 bolsillos

REFERENCIA DE COSTURAS

⑦	⑧
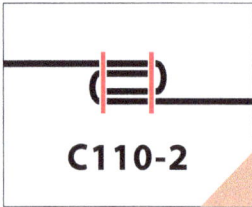 **C110-2**	3cm 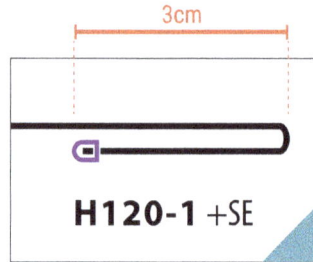 **H120-1** +SE

⑨	⑩
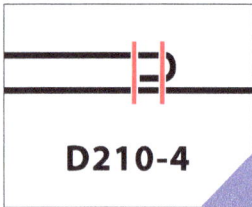 **D210-4**	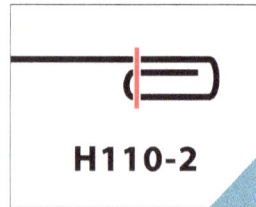 **H110-2**

⑪	⑫

Temporada: SS22	Diseñador: Jessica	
Colección: Básicos	Proveedor: PITU Tex	
Rango Tallas: 36, 38, 40, 42, 44	Fecha entrega: 20/02/21	
Talla Base: 40 PROTOTIPO	Devolución: 02/03/21	ABCSEAMS°

Etiqueta de cuero
Leather Tag

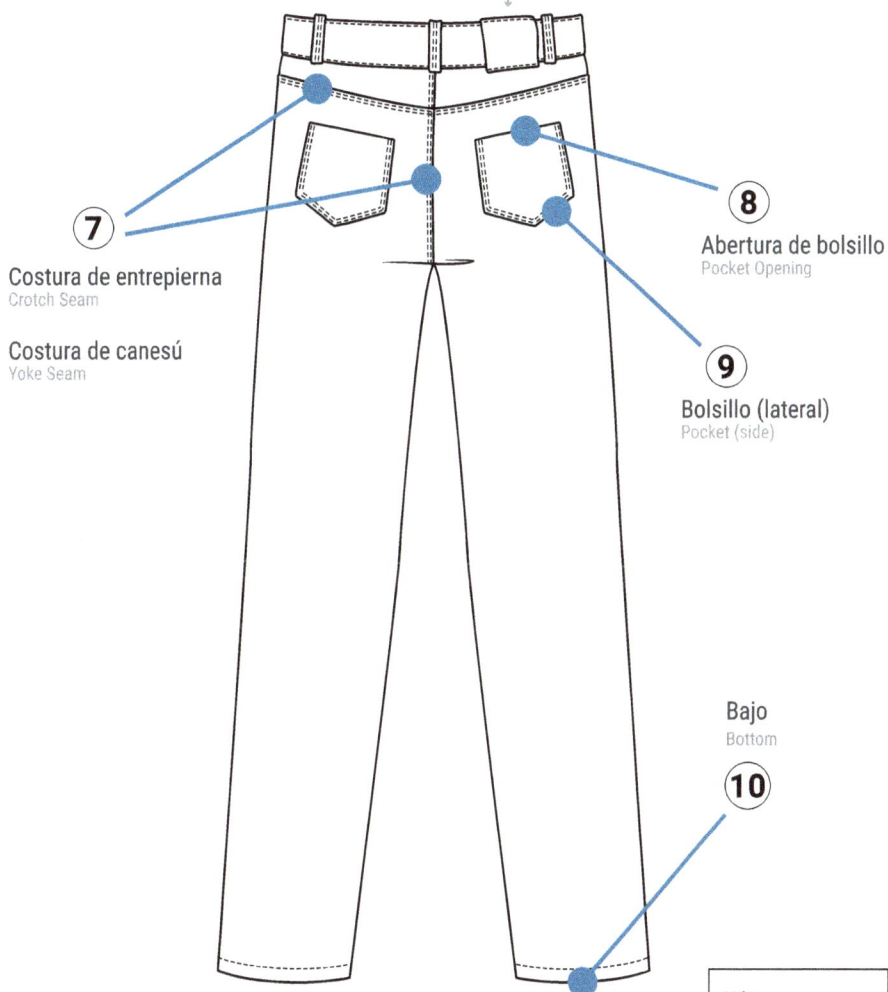

(7)

Costura de entrepierna
Crotch Seam

Costura de canesú
Yoke Seam

(8)

Abertura de bolsillo
Pocket Opening

(9)

Bolsillo (lateral)
Pocket (side)

Bajo
Bottom

(10)

Hilo:
algodón - nro. 30
marrón P12-1007
2 ppc

MODELO:	**NINALU**
Código:	#04-968
Tejido:	Algodón 3256 / 250 g. / color 008
Descripción:	Gabardina clásica con balona

REFERENCIA DE COSTURAS

① **C100-3** (OS)

② **C100-1** (OS)

③ **HD190-8**

④ 3cm **H130-6**

⑤ 3,5cm **H150-32**

⑥ **HD190-5**

⑦ **C100-2**

⑧ **C110-1**

Temporada:	SS22		Diseñador:	Marina
Colección:	Básicos		Proveedor:	PITU Tex
Rango Tallas:	XS, S, M, L, XL		Fecha entrega:	20/02/21
Talla Base:	S	PROTOTIPO	Devolución:	02/03/21

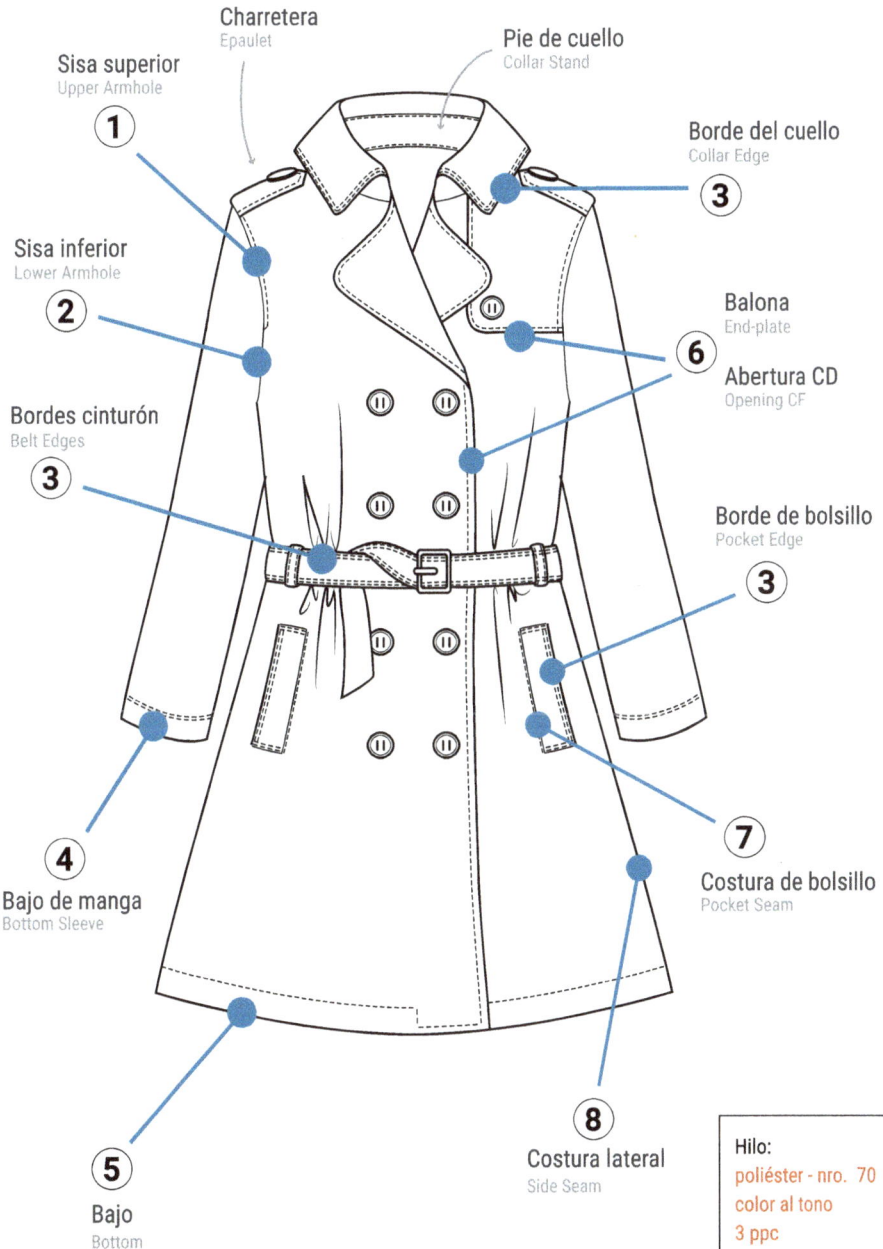

ABCSEAMS*

Charretera
Epaulet

Pie de cuello
Collar Stand

Sisa superior
Upper Armhole

1

Borde del cuello
Collar Edge

3

Sisa inferior
Lower Armhole

2

Balona
End-plate

6

Abertura CD
Opening CF

Bordes cinturón
Belt Edges

3

Borde de bolsillo
Pocket Edge

3

Bajo de manga
Bottom Sleeve

4

7

Costura de bolsillo
Pocket Seam

Bajo
Bottom

5

8

Costura lateral
Side Seam

Hilo:
poliéster - nro. 70
color al tono
3 ppc

MODELO:	**CHILLI**
Código:	#11-324
Tejido:	Algodón 6374 / 200 g. / color 825
Descripción:	Falda con paneles y fuelles

REFERENCIA DE COSTURAS

①

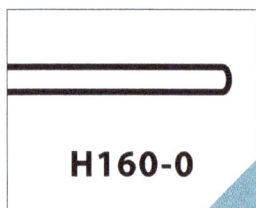

H160-0

②

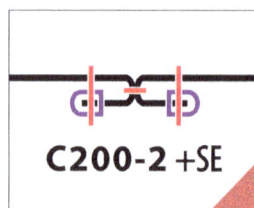

C200-2 +SE

③

7cm

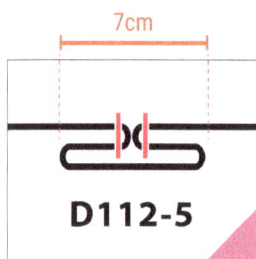

D112-5

④

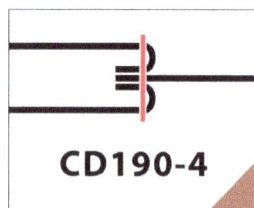

CD190-4

⑤

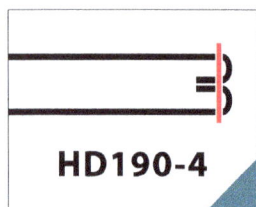

HD190-4

⑥

3,5cm

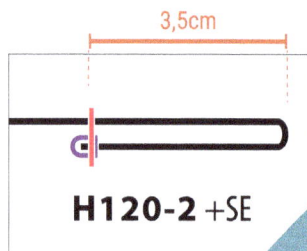

H120-2 +SE

Temporada: **SS22**	Diseñador: **Jordi**
Colección: **Básicos**	Proveedor: **PITU Tex**
Rango Tallas: **XS, S, M, L, XL**	Fecha entrega: **20/02/21**
Talla Base: **S** **PROTOTIPO**	Devolución: **02/03/21**

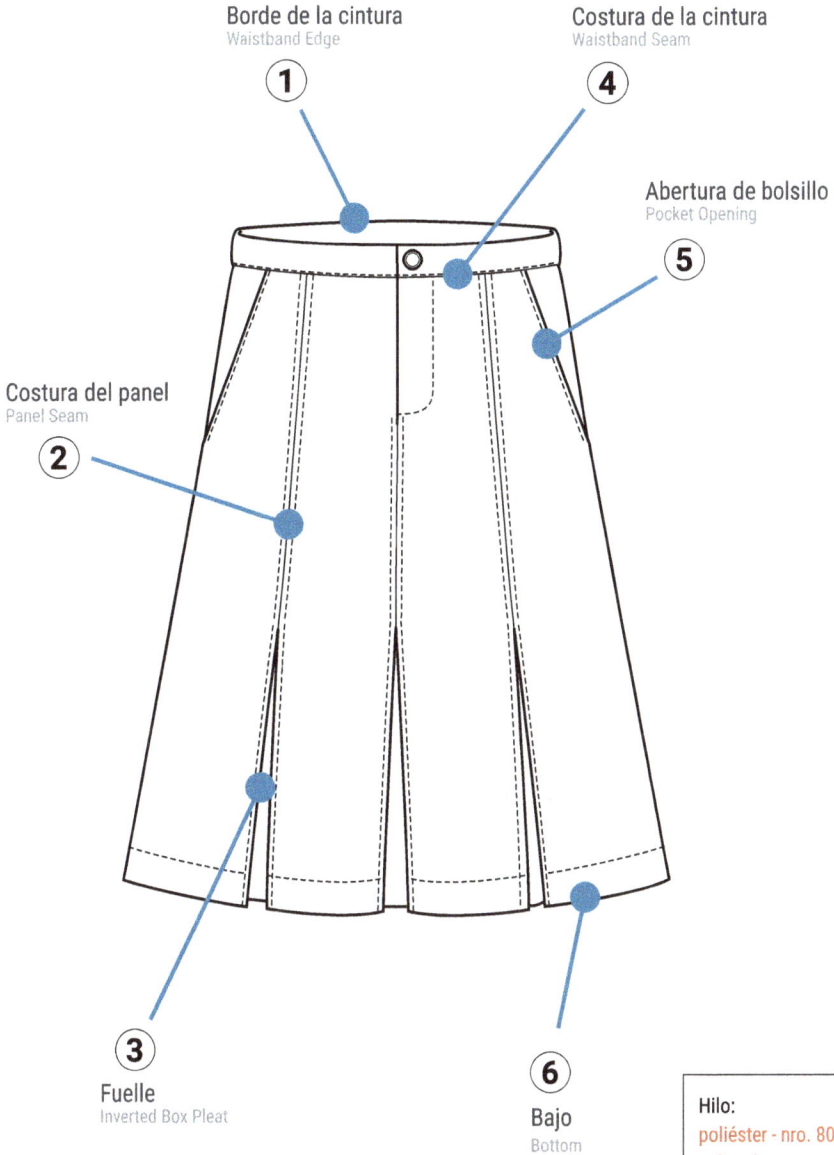

ABC**SEAMS**®

Borde de la cintura
Waistband Edge

①

Costura de la cintura
Waistband Seam

④

Abertura de bolsillo
Pocket Opening

⑤

Costura del panel
Panel Seam

②

③

Fuelle
Inverted Box Pleat

⑥

Bajo
Bottom

Hilo:
poliéster - nro. 80
color al tono
4 ppc

MODELO:	**FABIEN**
Código:	#04-968
Tejido:	Licra 0036 / 170 g. / color 252
Descripción:	Bikini triángulo

REFERENCIA DE COSTURAS

(1)

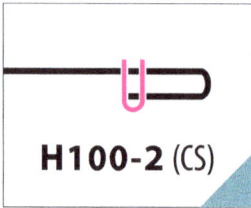

H100-2 (CS)

(2)

1cm

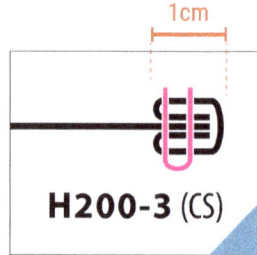

H200-3 (CS)

(3)

CD190-1

(4)

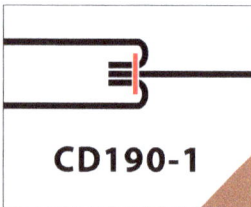

H100-2 (CS)

(5)

(6)

Temporada: **SS22**	Diseñador: **Mary**
Colección: **Básicos**	Proveedor: **PITU Tex**
Rango Tallas: **XS, S, M, L, XL**	Fecha entrega: **20/02/21**
Talla Base: **S** **PROTOTIPO**	Devolución: **02/03/21**

ABCSEAMS®

Borde bajo busto
Under-Bust Edge

1

Bordes de copa
Cup Edges

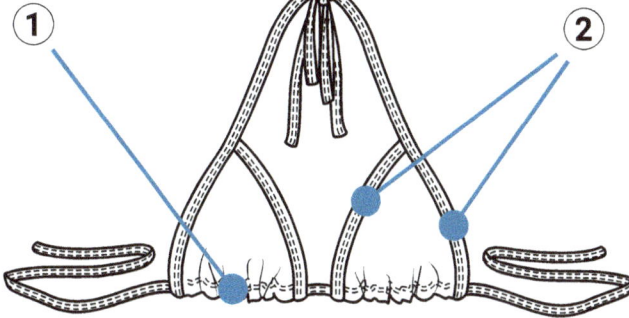

2

2

Borde de la cintura
Waist Edge

3

Refuerzo de tiro
Gusset Seam

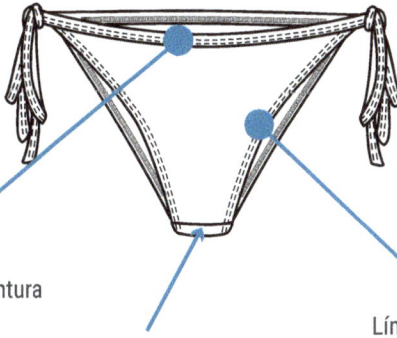

4

Línea de entrepierna
Leg Line

Hilo:
Nylon de lana
color al tono
6 ppc

	MODELO: **LINA**
	Código: #04-968
	Tejido: Algodón 7398 / 160 g. / color 238
	Descripción: Vestido de manga corta con pinzas

REFERENCIA DE COSTURAS

1

1,3cm

H200-1

2

CD190-1

3

C010-1

4

H000-0 +RS

5

D100-1

6

C100-1 +SE

Temporada: **SS22**	Diseñador: **Annie**	
Colección: **Básicos**	Proveedor: **PITU Tex**	
Rango Tallas: **2, 3, 4, 5, 6**	Fecha entrega: **20/02/21**	
Talla Base: **4** **PROTOTIPO**	Devolución: **02/03/21**	

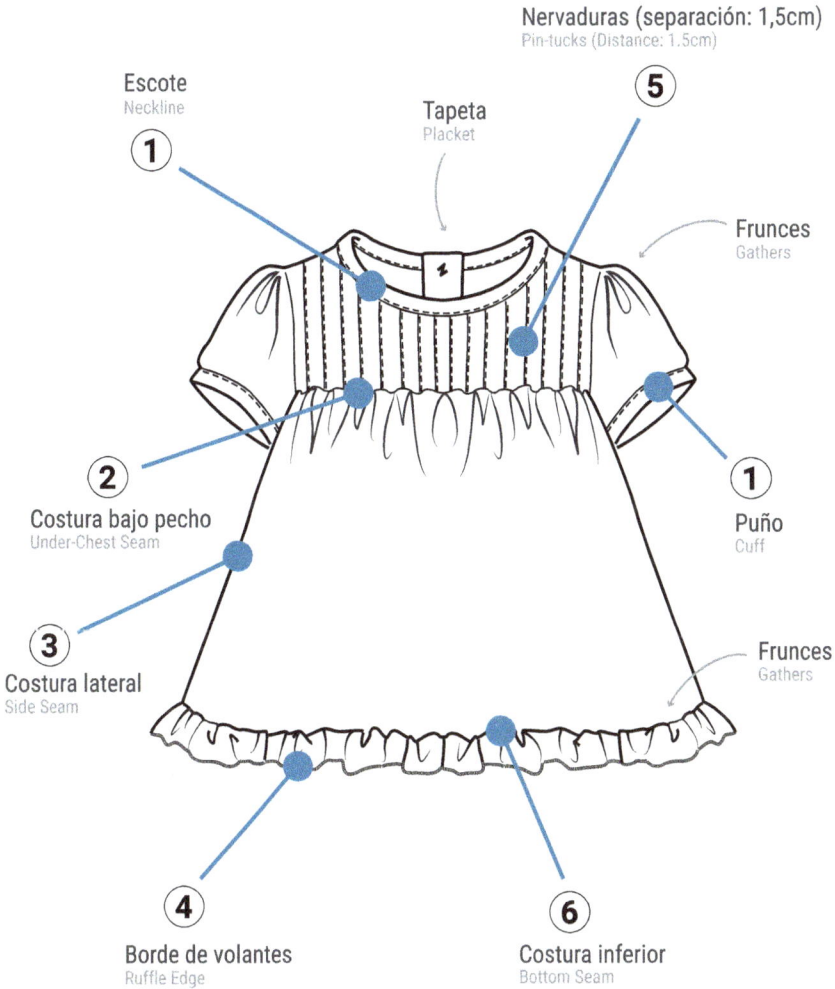

ABCSEAMS

Nervaduras (separación: 1,5cm)
Pin-tucks (Distance: 1.5cm)

5

Escote
Neckline

1

Tapeta
Placket

Frunces
Gathers

2

Costura bajo pecho
Under-Chest Seam

Puño
Cuff

1

3

Costura lateral
Side Seam

Frunces
Gathers

4

Borde de volantes
Ruffle Edge

6

Costura inferior
Bottom Seam

Hilo:
poliéster - nro. 100
rosa P19-5687
6 ppc

MODELO:	**LOLA**
Código:	#04-968
Tejido:	PVU 3254 / 280 g. / color 008
Descripción:	Bolso shopper con paneles

REFERENCIA DE COSTURAS

①

1,5cm

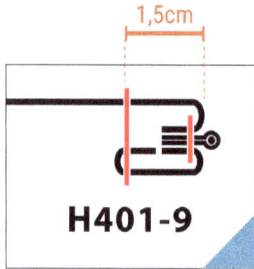

H401-9

②

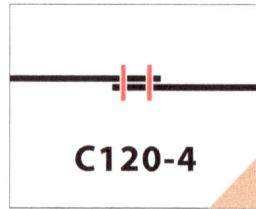

C120-4

③

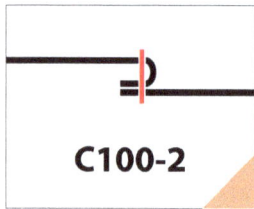

C100-2

④

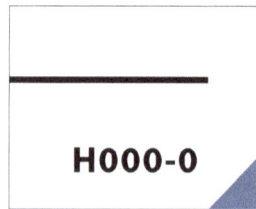

H000-0

⑤

⑥

Temporada: **SS22**	Diseñador: **Peter**
Colección: **Básicos**	Proveedor: **PITU Tex**
Rango Tallas: **Único**	Fecha entrega: **20/02/21**
Talla Base: **-** **PROTOTIPO**	Devolución: **02/03/21**

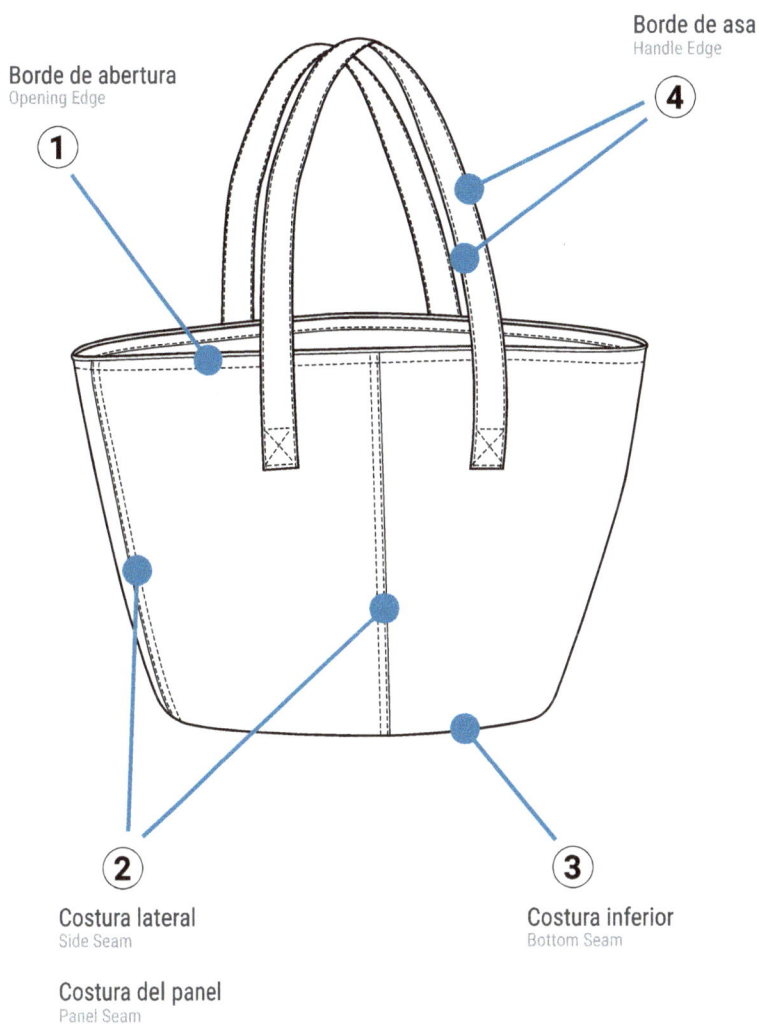

ABC**SEAMS**®

Borde de asa
Handle Edge

Borde de abertura
Opening Edge

1

4

2

3

Costura lateral
Side Seam

Costura del panel
Panel Seam

Costura inferior
Bottom Seam

Hilo:
nailon - nro. 30
negro
2 ppc

ÍNDICE ALFABÉTICO

CÓDIGOS DE COSTURA | ÍNDICE

ABREVIATURAS

Puntadas

BS Puntada invisible
(Blind Stitch)

CS Recubridora
(Cover Stitch)

FS Recubridora plana
(Flatlock Stitch)

OS Remallado
(Overlock)

RS Puntada enrollada
(Roll Stitch)

SA Margen de costura
(Seam Allowance)

SE Canto remallado
(Serged Edge)

General

AQL Nivel de aceptabilidad de calidad
(Acceptable Quality Level)

BOM BOM Ficha de materiales
(Bill of Materials)

CD Centro Delantero
(Center Front CF)

CE Centro Espalda
(Center Back CB)

CMT Corte, confeccion y acabado
(Cut, Make and Trim)

FOB Libre a bordo
(Freight on Board)

HSP Punto más alto de hombro
(Highest Shoulder Point)

POM Puntos de medida
(Points of Measure)

PPC Pespuntes por centímetro
(Stitches per Centimeter SPC)

PPP Pespuntes por pulgada
(Stitches per Inches SPI)

PPS Muestra de preproducción
(Pre-Production Sample)

QMS Sistema de gestión de calidad
(Quality Management System)

SS Muestra de venta
(Salesman Sample)

ÍCONOS

K tejido de punto

★ la más usada

la más duradera

◆ alta calidad

$ la más económica

♥ favorita

📷 fotografía

SOBRE ABC SEAMS

Un buen conocimiento de costura es fundamental para alcanzar tus objetivos como diseñador o desarrollador de producto.
Cualquier información, comentario o explicación con tu equipo (interno y externo) debe ser clara y precisa. Esto es fundamental para evitar malentendidos.

Nuestro propósito es ayudarte a comunicar tus diseños de forma sencilla y eficaz.
Para ello, hemos desarrollado un lenguaje de costura estandarizado que te permite seleccionar, nombrar y buscar cualquier tipo de costura. De esta forma, cualquier persona, en cualquier momento y en cualquier lugar del mundo puede saber exactamente qué tipo de construcción ha solicitado.

El uso de esta herramienta tiene más beneficios, por ejemplo:
- tomar mejores decisiones
- reducir el tiempo de desarrollo
- ser más creativo

Encuentra más información en nuestra web:
www.abcseams.com

AGRADECIMIENTOS

A nuestros colaboradores, gracias por los invaluables comentarios, consejos, apoyo y por compartir su experiencia en este libro:

Belén Asensio,

Clara Serenellini,

Elisenda Vidella,

Eva Basagaña Rusiñol,

Gabriela Bondancia,

Jaime García Sánchez,

Jane Cruise,

Julieta Bernadó,

Karen Ruiz,

Mina Park,

Rocío Rapisarda,

Sally Brown,

Gabby BR,

Izarra González,

Mercedes Sogo,

Mila Moura,

Robert Cooper,

Lisa, Billy, and Stella.

Créditos de Fotos

Pág. 17: Joshua Rawson Harris

Pág. 73: Brooke Cagle

Pág. 77: Jonnelle Yankovich

Pág. 81: Houcine Ncib

Pág. 85: Kal Visuals

Pág. 93: Alex Perez

Pág. 103: Liz Weddon

Pág. 107: Sahin Yesilyaprak

www.ingramcontent.com/pod-product-compliance
Lightning Source LLC
Chambersburg PA
CBHW041258040426
42334CB00028BA/3066